Unternehmensbezogene Geschäfte

13., völlig neu bearbeitete Auflage

Stand: August 2018

VON

Univ.-Prof. Dr. Martin Auer

UNTER MITARBEIT VON

Dr. Ulrich E. Palma

Stud.-Ass. Julian Koblmüller

LexisNexis®

Bibliografische Information der Deutschen Bibliothek
Die Deutsche Bibliothek verzeichnet diese Publikation in der Deutschen Nationalbibliografie; detaillierte bibliografische Daten sind im Internet über http://dnb.ddb.de abrufbar.

ISBN 978-3-7007-7161-6

LexisNexis Verlag ARD Orac GmbH & Co KG, Wien
www.lexisnexis.at
Wien 2018 • Best.-Nr. 84.032.013

Foto Auer: privat
Foto Palma: Hartlauer Foto

Druckerei: MDH-Media GmbH, 1220 Wien

Inhaltsverzeichnis

Abkürzungsverzeichnis

ABB	Allgemeine Bankbedingungen
ABGB	Allgemeines Bürgerliches Gesetzbuch
Abs	Absatz
AG	Aktiengesellschaft
AGB	Allgemeine Geschäftsbedingungen
AktG	Aktiengesetz
AÖSp	Allgemeine Österreichische Spediteurbedingungen
ARGE	Arbeitsgemeinschaft
Art	Artikel
Bd	Band, Bände
BG	Bundesgesetz
BGB	Bürgerliches Gesetzbuch (deutsch)
BGBl	Bundesgesetzblatt
BGH	Bundesgerichtshof (deutsch)
BS	Bestätigungsschreiben
bspw	beispielsweise
bzw	beziehungsweise
CMR	Übereinkommen über den Beförderungsvertrag im internationalen Straßengüterverkehr
COTIF	Übereinkommen über den internationalen Eisenbahnverkehr
d	deutsch(er, -e, -es)
D	Dritter
DepG	Depotgesetz
div	diverse
dh	das heißt
dzt	derzeit
EBG	Eisenbahnbeförderungsgesetz
ECG	E-Commerce-Gesetz
ecolex	Zeitschrift für Wirtschaftsrecht
EO	Exekutionsordnung
etc	et cetera
f, ff	und der/die folgende, die folgenden
GesBR	Gesellschaft Bürgerlichen Rechts
ggf	gegebenenfalls
Gl	Gläubiger
GmbH	Gesellschaft mit beschränkter Haftung
GmbHG	GmbH-Gesetz
grds	grundsätzlich
HaRÄG	Handelsrechts-Änderungsgesetz
hA	herrschende Ansicht
HGB	Handelsgesetzbuch
hL	herrschende Lehre
hM	herrschende Meinung

HS	Halbsatz
HVertrG	Handelsvertretergesetz
idR	in der Regel
ieS	im engeren Sinn
idF	in der Fassung
iHd	in Höhe des/der
insb	insbesondere
IO	Insolvenzordnung
IPRG	BG über das Internationale Privatrecht
IRÄG	Insolvenzrechtsänderungsgesetz
iSd	im Sinne des/der
iVm	in Verbindung mit
iwS	im weiteren Sinn
JBl	Juristische Blätter
K	Kommissionär
KG	Kommanditgesellschaft
KK	Kontokorrent
KSchG	Konsumentenschutzgesetz
Kt	Kommittent
L	Lagerhalter
Lit	Literatur
lit	litera
LFG	Luftfahrtgesetz
LuftVG	Luftverkehrsgesetz
MaklerG	Maklergesetz
MÜ	Montrealer Übereinkommen
Nr	Nummer
Ö	Österreich
OGH	Oberster Gerichtshof
OG	Offene Gesellschaft
OLSchV	Verordnung über Orderlagerscheine
PSG	Privatstiftungsgesetz
PostG	Postgesetz
Rsp	Rechtsprechung
S	Seite, Satz
Sch	Schuldner
str	strittig
stRsp	ständige Rechtsprechung
SZ	Entscheidungen des OGH in Zivilsachen
tlw	teilweise
UGB	Unternehmensgesetzbuch
uU	unter Umständen

va	vor allem
vgl	vergleiche
VO	Verordnung
WA	Warschauer Abkommen
Z	Ziffer
zB	zum Beispiel
zT	zum Teil
ZbR	Zurückbehaltungsrecht

Literaturübersicht zum Unternehmensrecht (Unternehmensbezogene Geschäfte)

I. Systeme/Lehrbücher/Skripten

Apathy/Iro/Koziol, Bankvertragsrecht I[2] (2006), II[2] (2008), III (2007), IV (2012), V (2009), VI (2007), VII (2014), VIII (2012), IX (2011)

Brox/Henssler, Handelsrecht mit Grundzügen des Wertpapierrechts[22] (2016; Deutschland)

Bülow/Artz, Handelsrecht[7] (2015; Deutschland)

Canaris, Handelsrecht[24] (2006; Deutschland)

Graf, Bankvertragsrecht[4] (ORAC Rechtsskriptum 2017)

Grünwald/Schummer, Wertpapierrecht[6] (ORAC Rechtsskriptum 2011)

Jung, Handelsrecht[11] (2016; Deutschland)

Kalss/Schauer/Winner, Allgemeines Unternehmensrecht[3] (2017)

Karollus/Huemer/Harrer, Casebook Handels- und Gesellschaftsrecht[5] (2014)

Klunzinger, Grundzüge des Handelsrechts[14] (2011; Deutschland)

Krejci, Unternehmensrecht[5] (2013)

Ratka/Rauter/Völkl, Unternehmens- und Gesellschaftsrecht[3] (2 Bd 2017)

Weller/Prütting, Handels- und Gesellschaftsrecht[9] (2016; Deutschland)

Schmidt K., Handelsrecht[6] (2014; Deutschland)

Schummer, Allgemeines Unternehmensrecht (ORAC Rechtsskriptum 2016)

Weber, Unternehmens- und Gesellschaftsrecht[3] (2015)

II. Kommentare

Baumbach/Hopt, HGB[38] (2018; Deutschland)

Ensthaler, Gemeinschaftskommentar zum HGB[8] (2015; Deutschland)

Feltl, UGB Kommentar (2018)

Glanegger/Kirnberger/Kusterer, Heidelberger Kommentar zum HGB[7] (2007; Deutschland)

Heymann, HGB[3] (in Teilbänden ab 2018; Deutschland)

Harrer/Mader, Die HGB-Reform in Österreich (2005)

Jabornegg/Artmann, UGB Kommentar[2] (2010)

Koller/Kindler/Roth/Morek, HGB[8] (2015; Deutschland)

Krejci, Reform-Kommentar UGB ABGB (2007)

Schlegelberger, HGB I–V[5] (in Teilbänden ab 1973; Deutschland)

Schummer/Kriwanek, Das neue Unternehmensgesetzbuch (2006)

Straube/Ratka/Rauter, Wiener Kommentar zum UGB I[4] (2017); II[3] (2018)

Thume, Kommentar zur CMR[3] (2013; Deutschland)

Torggler U., UGB Kommentar[2] (2016)

Zib/Dellinger, UGB Großkommentar (in Teilbänden ab 2010)

III. Monografien (Auswahl)

Böhler, Grundwertungen zur Mängelrüge (2000)

Dehn, UGB (2005)

Dehn/Krejci, Das neue UGB[2] (2007)

Fischer/Feuchtinger, Wirtschaftsrecht mit Unternehmensgesetzbuch (2006)

Geist/Lindner, UGB (2006)

Koller, Das Lagergeschäft (1981; Deutschland)

Koller, Transportrecht[7] (2010; Deutschland)

Niedrig, Die Mängelrüge (1994; Deutschland)

Torggler U., Abschied vom Handelsrecht? Zum Entwurf eines UGB (2005)

Voit, Kauf, Handelskauf und Kommission (1988; Deutschland)

Weiss, Der Handelsbrauch (1998)

Zib/Verweijen, Das neue Unternehmensgesetzbuch (2006)

Vorbemerkungen

A. Zum Inhalt des Vierten Buches im UGB

Erster Abschnitt („Allgemeine Vorschriften“ §§ 343–372):

- Allgemeiner Teil des 4. Buches (§§ 343–354)
- Kontokorrent (§§ 355–357)
- Unternehmerische Wertpapiere (§§ 363–365)

> **Beachte:**
> Die unternehmerischen Wertpapiere werden in diesem Skriptum nicht dargestellt; siehe dazu *Grünwald/Schummer*, Wertpapierrecht.

- Unternehmerisches Zurückbehaltungsrecht (§§ 369–372)

Zweiter Abschnitt: Warenkauf §§ 373–381

Dritter Abschnitt: Kommissionsgeschäft §§ 383–405

Vierter Abschnitt: Speditionsgeschäft §§ 407–414

Fünfter Abschnitt: Lagergeschäft §§ 416–424

Sechster Abschnitt: Frachtgeschäft §§ 425–451

Siebter Abschnitt: Investitionsersatz § 454

Achter Abschnitt: Zahlungsverzug §§ 455–460

Wichtig: Subsidiär gilt das ABGB!

B. Lernen mit diesem Skriptum

I. In diesem Skriptum werden nur die spezifisch unternehmensrechtlichen Probleme der unternehmensbezogenen Geschäfte dargestellt. Fragen des Allgemeinen Bürgerlichen Rechts, welche gerade auch bei unternehmensbezogenen Geschäften große Bedeutung haben (zB Allgemeine Geschäftsbedingungen), sind in Lernbehelfen zum Bürgerlichen Recht dargestellt, siehe etwa ORAC Rechtsskripten Bürgerliches Recht.

II. Im Folgenden wird auch auf andere ORAC Rechtsskripten (in der jeweils aktuellen Fassung) verwiesen. Die Verweise erfolgen in Abkürzungen:

AT	=	*Faber/Mader*, ORAC Rechtsskriptum Bürgerliches Recht „Allgemeiner Teil“
SchR AT	=	*Graf/Sonnberger*, ORAC Rechtsskriptum Bürgerliches Recht „Schuldrecht Allgemeiner Teil“
SchV	=	*Schuhmacher/Haybäck*, ORAC Rechtsskriptum Bürgerliches Recht „Schuldverträge“
SaR AT	=	*Böhm/Palma*, ORAC Rechtsskriptum Bürgerliches Recht „Sachenrecht Allgemeiner Teil“
SaR BT	=	*Böhm/Palma*, ORAC Rechtsskriptum Bürgerliches Recht „Sachenrecht Besonderer Teil“

SchE und BerR	=	*Graf/Brandstätter*, ORAC Rechtsskriptum Bürgerliches Recht „Schadenersatz- und Bereicherungsrecht“
UR I	=	*Schummer*, ORAC Rechtsskriptum Unternehmensrecht „Allgemeines Unternehmensrecht“
PersGes	=	*Schummer*, ORAC Rechtsskriptum Unternehmensrecht „Personengesellschaften“
KapGes	=	*Mader*, ORAC Rechtsskriptum Unternehmensrecht „Kapitalgesellschaften“

§§ ohne nähere Angabe sind solche des UGB!

Erster Abschnitt
Allgemeine Vorschriften

A. Bestimmungen für alle unternehmensbezogenen Geschäfte

I. Das unternehmensbezogene Geschäft

1. Legaldefinition

Unternehmensbezogene Geschäfte sind alle Geschäfte eines Unternehmers, die zum Betrieb seines Unternehmens gehören (§ 343 Abs 2). Diese Definition enthält:

- ein persönliches Tatbestandsmerkmal: nur Geschäfte eines **Unternehmers**

  und

- ein funktionales Merkmal: Zugehörigkeit des Geschäftes zum **Betrieb seines Unternehmens.**

2. Geschäfte eines Unternehmers

a) Unternehmer

Das Vierte Buch ist auf Unternehmer im Sinn der §§ 1–3 (inkl freie Berufe und Land- und Forstwirte) sowie auf juristische Personen des öffentlichen Rechts (zB Gebietskörperschaften, Kammern) anzuwenden (§ 343 Abs 1). Die Unternehmereigenschaft muss (nur) im Zeitpunkt des Geschäftsabschlusses vorliegen.

Beachte:
Der subjektive Anwendungsbereich des 4. Buches reicht somit über den der anderen Bücher hinaus.

b) Geschäft

Unternehmensbezogene Geschäfte sind alle entgeltlichen/unentgeltlichen Rechtsgeschäfte eines Unternehmers. Der Geschäftsbegriff ist nach überwiegender Auffassung weit auszulegen. Erfasst sind auch rechtsgeschäftsähnliche Handlungen wie Willensmitteilungen (zB Mahnung) oder Wissensmitteilungen (zB Mängelrüge). Realakte sind selbst keine unternehmensbezogenen Geschäfte, können aber in Erfüllung eines unternehmensbezogenen Geschäftes erfolgen (zB die Verarbeitung einer Sache), dann sind die §§ 343 ff anzuwenden. Rein deliktisches Verhalten eines Unternehmers zählt nicht zu den unternehmensbezogenen Geschäften. Auch Bereicherungsansprüche oder Ansprüche aus Geschäftsführung ohne Auftrag zählen nicht zu den unternehmensbezogenen Geschäften (str!).

c) Abgrenzung vom Vorbereitungsgeschäft

Geschäfte, die eine **natürliche** Person vor Aufnahme des Betriebes ihres Unternehmens zur Schaffung der Voraussetzungen dafür tätigt (zB Kauf von Maschinen und Büroeinrichtung), gelten noch nicht als unternehmensbezogene Geschäfte (§ 343 Abs 3). Nach der Rsp (8 Ob 98/11m) gilt der Betrieb des Unternehmens aufgenommen, sobald der Unternehmer beginnt, die eigentlichen Unternehmensgeschäfte zu schließen und abzuwickeln, die unmittelbar der laufenden Verfolgung des Unternehmenszwecks dienen (zB Vertragsschluss mit Kunden). Auch von einem Unternehmer in einem neuen Geschäftszweig getätigte Vorbereitungsgeschäfte können in den Anwendungsbereich des § 343 Abs 3 fallen, nicht erfasst ist jedoch die bloße Erweiterung, Modernisierung oder Umgestaltung eines bereits bestehenden Unternehmens.

Merke:

Auch Vorbereitungsgeschäfte sind grundsätzlich unternehmensbezogen. Daran ändert § 343 Abs 3 nichts. Die Bestimmung nimmt aber Vorbereitungsgeschäfte natürlicher Personen vom Anwendungsbereich des 4. Buches aus. Ebenso ist es bei natürlichen Personen, die als (zukünftige) Gesellschafter einer GesBR Vorbereitungsgeschäfte tätigen. Für Unternehmer kraft Rechtsform (§ 2) gilt die Ausnahme indes nicht. Ob das auch bei Unternehmern kraft Eintragung (§ 3) so ist, bzw ob Abs 3 auf die OG/KG bzw deren Gesellschafter, sofern letztere natürliche Personen sind, analog anwendbar ist, ist umstritten.

Beachte:

Zweck dieser im Zuge des HaRÄG neu eingeführten Bestimmung ist es – im Einklang mit dem KSchG –, eine natürliche Person in diesem Stadium, in der es ihr typischerweise noch an unternehmerischer Erfahrung mangelt, nicht mit den strengeren Regeln des 4. Buches zu belasten. Dem Wortlaut nach sind Vorbereitungsgeschäfte nur für das 4. Buch genannt. Eine Ausdehnung der Ausnahme auf die anderen Bücher, zumindest wenn deren Bestimmungen an jene des 4. Buches anknüpfen, dürfte aber geboten sein.

3. Betriebszugehörigkeit

a) Unternehmensbezogenes Geschäft – Privatgeschäft

Nicht alle Geschäfte eines Unternehmers, sondern nur jene, die zum Betrieb seines Unternehmens gehören, sind unternehmensbezogene Geschäfte.

aa) Daher sind Privatgeschäfte des **Unternehmers** keine unternehmensbezogenen Geschäfte.

Beispiel 1:

Ein Exportkaufmann schließt einen Mietvertrag über seine Wohnung (Privatgeschäft); anders dagegen, wenn der Mietvertrag ein Büro betrifft (unternehmensbezogenes Geschäft).

bb) Dagegen sind die von einem **Formunternehmer** wirksam abgeschlossenen Geschäfte **immer** unternehmensbezogene Geschäfte. Bei OG/KG bestimmt sich die Unternehmereigenschaft nach Maßgabe von § 1. In einem zweiten Schritt ist zu fragen, ob das Geschäft zum Betrieb des Unternehmens gehört.

Beispiel 2:

Alle Arbeitsverträge mit einer GmbH sind für diese unternehmensbezogene Geschäfte.

cc) Bei gemischten Geschäften, dh, wenn ein Geschäft nicht in betriebszugehörig und privat getrennt werden kann, gilt das gesamte Geschäft als zum Betrieb gehörig.

b) Beurteilung der Betriebszugehörigkeit

aa) Die Zugehörigkeit eines Geschäftes zum Betrieb des Unternehmens wird objektiv nach der Verkehrsauffassung und möglichst extensiv beurteilt, dies dient dem Verkehrsschutz. Der Unternehmensbezug muss für den Geschäftspartner erkennbar sein (vgl auch § 1 Abs 1 Z 1 KSchG; str). In Zweifelsfällen hilft die Vermutung des § 344 Abs 1 (unten c). Abs 2 gilt für den Einzelunternehmer, eingetragene Personengesellschaften und Privatstiftungen. Bei Unternehmern kraft Rechtsform (§ 2) und juristischen Personen öffentlichen Rechts sind alle Geschäfte – dh unabhängig davon, ob tatsächlich ein Unternehmen betrieben wird – stets unternehmensbezogen. Das wird bei unternehmensbetreibenden eingetragenen Personengesellschaften auch so vertreten, allerdings kann hier gerade auch ein nichtunternehmerischer Bereich gegeben sein, wo aber dann (zunächst) die Zweifelsregel des § 344 eingreift.

bb) Unternehmensbezogene Geschäfte sind: alle Geschäfte, die im Betrieb des Unternehmers oder in seiner Branche gewöhnlich vorkommen. Betriebszugehörig sind auch (uU untypische) Hilfs-, Neben- und Abwicklungsgeschäfte oder branchenfremde Geschäfte (zB Verkauf von Holz durch einen Lebensmittelhändler), denn eine mittelbare Beziehung zum betriebenen Unternehmen ist ausreichend.

Beispiele aus der Rsp (noch zum HGB!):
Bevollmächtigung eines Rechtsanwalts (sofern Unternehmensbezug!); Verkauf von Geschäftsinventar; Kauf/Verkauf einer Kegelbahn oder einer Eismaschine durch einen Gastwirt; Grundstücksgeschäfte; Kreditaufnahme für Betriebsmittel; auch unentgeltliche Geschäfte konnten Handelsgeschäfte sein, wenn ein Bezug zum Handelsgewerbe vorlag, zB Schenkungen an Geschäftspartner.

c) Die Zweifelsregel des § 344 Abs 1

§ 344 Abs 1 stellt die **widerlegliche Vermutung** („im Zweifel") auf, dass die von einem Unternehmer vorgenommenen Rechtsgeschäfte zum Betrieb seines Unternehmens gehören. Der zulässige Beweis des Gegenteils umfasst zwei Tatsachen: Das Geschäft ist nach der Verkehrsauffassung ein Privatgeschäft und seine private Natur war dem Vertragspartner auch erkennbar. Zweck dieser Bestimmung ist es, den Geschäftspartner, der über den privaten Charakter eines Geschäfts nicht aufgeklärt wurde, zu schützen.

Beachte:
§ 344 spielt bei Formunternehmern keine Rolle. Zu (unternehmensbetreibenden) Personengesellschaften vgl oben b. Ob ein geschäftsführender Gesellschafter (Personengesellschaft) bzw ein Organ (Kapitalgesellschaft) für die Gesellschaft oder für sich selbst handelt, ist nach allgemeinen Beweisregeln zu klären, § 344 hilft hier nicht weiter.

4. Einseitig und mehrseitig unternehmensbezogene Geschäfte

a) Begriffe

aa) Ein **einseitig** unternehmensbezogenes Geschäft gehört nur für **einen** Vertragspartner zum Betrieb seines Unternehmens, für den anderen nicht. Entweder ist also nur A Unternehmer, oder auch B ist Unternehmer, das Geschäft gehört aber für ihn nicht zum Betrieb seines Unternehmens.

bb) Wenn dagegen beide Parteien Unternehmer sind und das Geschäft für **beide** zum Betrieb ihres Unternehmens gehört, so spricht man von einem **zweiseitig** unternehmensbezogenen Geschäft.

Unterscheide davon:
Einseitige/mehrseitige Rechtgeschäfte. Es kann durchaus ein mehrseitiges Rechtsgeschäft ein einseitig unternehmensbezogenes Geschäft sein. Dagegen wird ein einseitiges Rechtsgeschäft immer nur ein einseitig unternehmensbezogenes Geschäft sein können.

Beispiel 3:
Kaufvertrag (zweiseitiges Rechtsgeschäft), abgeschlossen zwischen zwei Unternehmern, aber nur bei einem betriebszugehörig (einseitig unternehmensbezogenes Geschäft). Kündigung (einseitiges Rechtsgeschäft) eines Mietvertrages durch einen Unternehmer, der das Mietobjekt als Geschäftslokal benützt hat (einseitig unternehmensbezogenes Geschäft).

b) Bedeutung der Unterscheidung

Die Unterscheidung zwischen ein- und zweiseitig unternehmensbezogenen Geschäften ist wichtig, weil nicht alle Bestimmungen des 4. Buches gleichermaßen für ein-, wie für zweiseitig unternehmensbezogene Geschäfte gelten.

aa) Die Regel (§ 345)

Wenn zumindest ein einseitig unternehmensbezogenes Geschäft vorliegt, so ist das 4. Buch des UGB auf beide Vertragspartner, also auch auf den Nichtunternehmer bzw den Unternehmer anwendbar, für den das Geschäft nicht zum Betrieb seines Unternehmens gehört.

bb) Ausnahmen:

Lies die folgenden §§ jeweils durch und versuche zu ermitteln: Warum gelten einige Bestimmungen nur für zweiseitig unternehmensbezogene Geschäfte? Warum gelten andere nur für den beteiligten Unternehmer? In den meisten Fällen ergibt sich die Antwort schon aus dem Gesetzeswortlaut!

aaa) **Nur für zweiseitig** unternehmensbezogene Geschäfte gelten zB:

- § 346 (Gebräuche im Geschäftsverkehr: UR I 1. Abschnitt D. III.)
- § 349 (Schadenersatzpflicht „unter Unternehmern“, unten III. 1.)
- § 369 (Unternehmerisches Zurückbehaltungsrecht, unten C.)
- §§ 377, 378, 391 (Rügeobliegenheit bei zweiseitig unternehmensbezogenen Kaufverträgen und Einkaufskommission, unten 2. Abschnitt D. und 3. Abschnitt B.)
- §§ 379, 391 (Aufbewahrungspflicht bei beidseitig unternehmensbezogenen Kaufverträgen und Einkaufskommission, unten 2. Abschnitt E. und 3. Abschnitt B.)

bbb) **Nur für den Unternehmer** gelten beim **einseitig** unternehmensbezogenen Geschäft zB:

- § 347 (unternehmerische Sorgfaltspflicht, unten III. 2.)
- § 351 (laesio enormis, unten IV.)
- § 363 (unternehmerische Wertpapiere, dazu *Grünwald/Schummer*, ORAC Rechtsskriptum Wertpapierrecht)

ccc) Es bleiben daher **für den Nichtunternehmer**, der Vertragspartner eines einseitig unternehmensbezogenen Geschäftes ist, nach der Regel des § 345 (oben a) einige Bestimmungen des 4. Buches anwendbar:

- § 354 (Entgeltsvermutung, unten V. 1.)
- §§ 355–357 (Kontokorrent, unten B.)
- §§ 373 ff ohne §§ 377–379 (unten 2. Abschnitt)

II. Solidarschuld

1. Bürgerliches Recht

Wenn sich mehrere durch einen Vertrag gemeinschaftlich zu einer teilbaren Leistung verpflichten, so entsteht nach § 889 ABGB im Zweifel ein **Teilschuldverhältnis** (siehe aber unten 3. b!).

Wiederhole:

Welche Wirkungen die Solidarschuld hat, im Besonderen die Frage des Regresses bzw der Freizeichnung eines Mitschuldners, ergibt sich aus den §§ 891 ff ABGB.

2. Solidarschuld beim unternehmensbezogenen Geschäft

a) Als Ausnahme zu § 889 ABGB stellt **§ 348** die gegenteilige Zweifelsregel auf: Es entsteht **im Zweifel ein Solidarschuldverhältnis**. Verpflichten sich mehrere Unternehmer gemeinschaftlich zu einer teilbaren Leistung, so haften diese im Zweifel als Gesamtschuldner.

b) Als Gesamtschuldner iSd § 348 haften – im Unterschied zur Grundregel des § 889 ABGB – **nur Unternehmer.**

c) Nur vertragliche, nicht jedoch rein deliktische Verbindlichkeiten sind nach § 348 zu behandeln.

3. Solidarschuld bei der GesBR

a) **§ 1199 ABGB**

Eine ähnliche Regelung wie in § 348 UGB findet sich in § 1199 Abs 1 ABGB für die GesBR: Die Gesellschafter einer GesBR haften für gesellschaftsbezogene Verbindlichkeiten gegenüber Dritten als Gesamtschuldner. Diese Regelung ist jedoch dispositiv, dh es kann durch Vereinbarung mit dem Dritten davon abgewichen werden. In Unterschied zu § 348 ist § 1199 Abs 1 ABGB nicht nur auf vertragliche Schuldverhältnisse anzuwenden, sondern auch auf gesetzliche (zB deliktische Schadenersatzansprüche oder Bereicherungsansprüche). Die Haftung des GesBR-Gesellschafters nach § 1199 Abs 1 ABGB entspricht dabei jener eines OG-Gesellschafters bzw eines Komplementärs einer KG: Er haftet daher persönlich, unbeschränkt, unbeschränkbar, primär, unmittelbar und eben auch solidarisch (vgl dazu *Schummer*, ORAC Rechtsskriptum Personengesellschaften).

b) **Solidarschuld nach ABGB**

Selbst wenn weder § 1199 Abs 1 ABGB noch § 348 UGB greifen, wird es dennoch in aller Regel zur Solidarhaftung der Gesellschafter der GesBR kommen, weil meist die „Zweifelsregel" des OGH zur Anwendung kommen wird, dass mehrere Personen sich dann als Solidarschuldner verpflichten, wenn sie aufgrund eines einheitlichen Vertrages einen Auftrag erteilen. Das wird bei einer GesBR aufgrund des gemeinsamen Gesellschaftszweckes idR der Fall sein. Die Rsp ist aber bei der Anwendung der genannten Zweifelsregeln uneinheitlich. Es gibt auch E, in denen der OGH bei einer Bau-ARGE (= GesBR) trotz § 1203 S 2 ABGB aF – welcher die Vorgängerregelung von § 1199 Abs 1 ABGB war – im Zweifel Anteilshaftung der Gesellschafter annimmt.

III. Haftungsrechtliche Besonderheiten

1. Umfang des Schadenersatzes

Lies zunächst SchE und BerR 1. Abschnitt A. II. und VIII.

a) **Umfang im ABGB**

Nach den §§ 1323, 1324 ABGB gilt der gegliederte Schadensbegriff: Bei leichter Fahrlässigkeit des Schädigers hat dieser nur den positiven Schaden zu ersetzen. Handelt der Schädiger dagegen grob fahrlässig oder gar vorsätzlich, so hat er neben dem positiven Schaden auch den entgangenen Gewinn zu ersetzen (Interesse).

b) **Umfang im UGB**

§ 349 statuiert eine Ausnahme vom zivilrechtlichen Schadensbegriff: Unter Unternehmern umfasst der zu ersetzende Schaden **immer**, dh selbst bei leichter Fahrlässigkeit, auch den **entgangenen Gewinn.**

2. Sorgfalt des Unternehmers

Lies zunächst SchE und BerR 1. Abschnitt A. VII.

a) **Der Sorgfaltsmaßstab des § 347**

aa) Nach § 347 hat derjenige, der aus einem Geschäft, das auf seiner Seite unternehmensbezogen ist, einem anderen zur Sorgfalt verpflichtet ist, für die Sorgfalt eines ordentlichen Unternehmers einzustehen.

bb) Inhaltsgleiche Sonderbestimmungen finden sich bei einzelnen unternehmensbezogenen Geschäften (§ 384 Abs 1, § 390 Abs 1, § 408 Abs 1, § 429 Abs 1) sowie für den Handelsvertreter (§ 5 HVertrG) und die Organe der Kapitalgesellschaften (§ 84 Abs 1, § 99 AktG; § 25 Abs 1, §§ 27, 33 GmbHG; vgl auch § 17 Abs 2 PSG – Sorgfalt eines ordentlichen/gewissenhaften Geschäftsleiters).

cc) Derselbe objektive Fahrlässigkeitsmaßstab ergibt sich schon aus § 1299 ABGB, zumal Unternehmer (auch) Sachverständige iSd § 1299 ABGB sind. Ausweislich der Materialien hätte § 347 daher auch gestrichen werden können. Indes wollte man Missverständnisse hinsichtlich des strengen Haftungsmaßstabes vermeiden.

Beachte:
Anders als nach § 1297 ABGB ist der Fahrlässigkeitsmaßstab des § 347 – wie jener des § 1299 ABGB – ein rein objektiver: Der Unternehmer hat nicht nur die objektiv gebotene Sorgfalt aufzuwenden, sondern auch für die Kenntnisse und Fähigkeiten einzustehen, die in seiner Berufsgruppe zum Standard gehören. Damit trifft den Unternehmer wie den Sachverständigen eine Art Garantiehaftung, weil es anders als nach § 1297 ABGB auf einen subjektiven Vorwurf nicht ankommt.

b) **Anwendungsbereich des § 347**

aa) § 347 gilt nur für Unternehmer.

bb) Diese besondere Sorgfaltspflicht des § 347 ist auf den **Erfüllungsgehilfen** mangels Unternehmereigenschaft nicht anwendbar. Durch das Einsetzen von Gehilfen vermag der Unternehmer sich aber nicht von seiner Haftung befreien. Um nicht in einen Widerspruch zu § 1313a ABGB zu geraten, wonach der Unternehmer für das Verschulden des Gehilfen wie für *eigenes* Verschulden haftet, ist nach hM zu fragen, ob der Unternehmer dem Sorgfaltsmaßstab des § 347 entsprochen hätte, wenn er selbst so wie der Gehilfe in der konkreten Situation gehandelt hätte.

cc) § 347 gilt nur für die Haftung des Unternehmers aus seinen **unternehmensbezogenen Geschäften.**

- § 347 gilt nicht für den Nichtunternehmer, der mit einem Unternehmer kontrahiert, oder für Privatgeschäfte (nicht unternehmensbezogene Geschäfte) eines Unternehmers.
- § 347 ist nach hA nur im vertraglichen und vorvertraglichen Bereich, bei Verletzung vertraglicher Nebenpflichten (Schutz- und Sorgfaltspflichten) sowie bei Obliegenheitsverletzungen (zB die Rügeobliegenheit nach den §§ 377, 378) anzuwenden.
- Nicht vom Anwendungsbereich des § 347 umfasst ist wiederum der rein deliktische Bereich (str!) (wohl aber § 1299 ABGB! – oben a)).

IV. Verkürzung über die Hälfte

Lies zunächst SchR AT 4. Abschnitt F.

Nach § 351 kann zulasten eines Unternehmers die Anwendung des § 934 ABGB (laesio enormis) ausgeschlossen werden (Ausnahme: Gründungsgeschäft aufseiten des Verkürzten). Dies kann individualvertraglich oder in AGB geschehen (beachte: Geltungs- und Inhaltskontrolle iSd §§ 864a, 879 Abs 3 ABGB bei AGB). Ist kein Ausschluss erfolgt, so kann nunmehr auch der Unternehmer (vgl zur Rechtslage davor § 351a HGB) dem Konsumenten § 934 ABGB entgegenhalten. Auch der Kauf eines Unternehmens oder von Gesellschaftsanteilen kann so aufgehoben werden.

Wiederhole:
§ 934 ABGB ist sonst zwingend (§ 935 1. HS). Liegt jedoch einer der in § 935 ABGB vorgesehenen Ausschlussgründe vor, so kann sich auch der Unternehmer nicht auf laesio enormis berufen.

V. Entgeltlichkeit von unternehmensbezogenen Geschäften

1. Verkehrssitte der Entgeltlichkeit

Nach der Rsp gibt es eine allgemein anerkannte Verkehrssitte, wonach der Unternehmer einem anderen nicht umsonst Dienste leistet. Wichtigster Anhaltspunkt dafür im Gesetz ist die Entgeltsvermutung des § 354 Abs 1: Ist in einem Geschäft kein Entgelt bestimmt und auch nicht Unentgeltlichkeit vereinbart, so gilt ein angemessenes Entgelt als bedungen. Da das Entgelt zu den essentialia negotii eines Vertrages gehört, liegt die Bedeutung des § 354 vor allem in einer vertragsergänzenden Funktion, sodass ein Scheitern des Vertrages verhindert werden soll, wenn zwischen den Parteien ein Bindungswille besteht. Die Beurteilung der Angemessenheit des Entgelts orientiert sich vorwiegend an den Marktverhältnissen.

Wiederhole:
Gibt es vergleichbare Bestimmungen im ABGB? Es gibt sie für die Geschäftsbesorgung (§ 1004 ABGB) und für Dienst- bzw Werkvertrag (§ 1152 ABGB). Gerade § 1152 ABGB wird heute in weitem Umfang auch auf andere Fälle analog angewendet (zB Kondiktionsansprüche bei zweckverfehlenden Leistungen). Nach den Materialien zum UGB orientiert sich die Neufassung des § 354 an § 1152 ABGB (lies § 1152 ABGB!).

2. Gesetzliche Vermutung

§ 354 Abs 1 ist nur eine Entgeltsvermutung. Daher gilt diese Bestimmung nicht, wenn die Parteien (ausdrücklich oder schlüssig) eine abweichende Vereinbarung getroffen haben. Die Parteien können entweder die Unentgeltlichkeit oder ein vom ortsüblichen abweichendes Entgelt vereinbaren. Selbst eine abweichende Verkehrssitte (zB Unentgeltlichkeit bestimmter Leistungen) geht dem § 354 Abs 1 vor.

So ist die Unentgeltlichkeit einer Leistung konkludent dadurch vereinbart, dass sie bereits als Nebenleistung in einem anderen Vertrag festgelegt worden ist. Ebenso sind Tätigkeiten zur Vorbereitung eines Vertragsabschlusses unentgeltlich, weil sie durch das im Vertrag vereinbarte Entgelt mit abgegolten werden. Das gilt dann nicht, wenn die Vorbereitungshandlungen einer (künftigen) Vertragspartei dazu genützt werden, mit einem Dritten den Vertrag abzuschließen.

Beispiel 4:
Der Autohändler A will mit der Bank B ein Immobilienleasinggeschäft tätigen. B macht geeignete Grundstücke ausfindig und teilt diese dem A mit. A schließt sodann einen Leasingvertrag mit C, dem Eigentümer eines der Grundstücke, ab. B hat einen

Provisionsanspruch nach § 354 Abs 1 gegen A, die Höhe richtet sich nach der Taxe für Immobilienmakler. Beachte bei diesem Beispiel: Voraussetzung für diese Lösung ist, dass A berechtigt ist, vom in Aussicht genommenen Vertrag mit B abzustehen.

3. Verbraucher

§ 354 erstreckt sich auch auf den Nichtunternehmer. Daran hat das UGB nichts geändert, weil auch dem Verbraucher regelmäßig bekannt ist, dass Unternehmer Leistungen nur gegen Entgelt erbringen.

Beachte:

Die Bestimmung ist nach beiden Seiten offen. Die Entgeltlichkeitsvermutung kommt auch dem nichtunternehmerischen Teil zugute, der sich dem Unternehmer gegenüber zur Erbringung einer nicht in Geld bestehenden Leistung verpflichtet.

VI. Schweigen im Geschäftsverkehr

1. Schweigen als Willenserklärung

a) Schweigen ist grundsätzlich keine Willenserklärung, insb hat es nicht den Erklärungswert einer Zustimmung. Davon gibt es im Unternehmensrecht nur mehr eine (§ 362 HGB – Schweigen eines Geschäftsbesorgungskaufmannes – ist gestrichen worden, weil insb kleineren Unternehmern eine Reaktion nicht in jedem Fall zumutbar ist), jedoch auch nur scheinbare Ausnahme, nämlich:

– das Schweigen auf ein unternehmerisches Bestätigungsschreiben – unten 2.

Wiederhole:

Bei der Beurteilung des Verhaltens eines Unternehmers danach, ob dieses Verhalten eine zumindest konkludente Willenserklärung darstellt, sind insb zwei Kriterien von Bedeutung:

- der (strenge!) Maßstab des § 863 ABGB: Nur wenn die Umstände keinen Zweifel offenlassen, darf ein Verhalten – und damit auch Unterlassen (= Schweigen) – als konkludente Erklärung gedeutet werden (= individueller Vertrauensschutz des Empfängers).
- Gebräuche im Geschäftsverkehr (§ 346: „Unter Unternehmern ist im Hinblick auf die Bedeutung und Wirkung von Handlungen und Unterlassungen auf die im Geschäftsverkehr geltenden Gewohnheiten und Gebräuche Rücksicht zu nehmen." Beachte auch den beinahe wortgleichen § 863 Abs 2 ABGB!).

b) Nach stRsp des OGH gibt es auch im Geschäftsverkehr keine allgemeine Verkehrssitte, wonach Schweigen eine Zustimmung bedeute. Es gebe gesetzlich ausdrücklich vorgesehene Ausnahmefälle (zB § 377 Abs 2 oder § 386 Abs 1); vgl auch § 1081 ABGB. Sonst könne Schweigen nur dann als Zustimmung (etwa die Annahme eines Anbotes) gewertet werden, wenn der Schweigende nach Treu und Glauben oder nach der Verkehrssitte (= hier: nach den Gebräuchen im Geschäftsverkehr) antworten – also „Nein" sagen – hätte müssen.

2. Schweigen auf ein unternehmerisches Bestätigungsschreiben

Beispiel 5:

A und B schließen telefonisch einen Kaufvertrag, A soll dem B 1.000 Herrenhemden zum Preis von € 13/Stück liefern. Zwei Tage später schickt A dem B ein Fax folgenden Inhalts:

a) „Bestätige Auftrag über 2.000 Herrenanzüge. Lieferung folgt." Die Sekretärin des B weiß nichts vom Telefonat zwischen A und B und legt das Fax in einem Ordner „Lieferanten" ab. Als die Anzüge bei B einlangen, verweigert dieser die Annahme. Mit Recht?

b) „Lieferung der 1.000 Hemden erfolgt über Frächter X, Lieferdatum 11. 7. 2007."

c) „Bestätige Lieferung 1.000 Hemden nach unseren ‚Allgemeinen Lieferbedingungen'."

Beispiel 6:
A und B sind sich im Telefonat noch nicht einig geworden, dem B ist der Preis zu hoch, er behält sich daher die Kaufentscheidung noch vor. A kann sich am nächsten Tag an den Inhalt des Gesprächs mit B nicht mehr genau erinnern und schickt dem B „sicherheitshalber" ein Fax: „Bestätige Auftrag über 1.000 Herrenhemden ‚Apollo de luxe' zum Vorzugspreis von € 20/Stück. Lieferung erfolgt in der 34. Woche." Muss B die teuren Hemden annehmen und bezahlen?

a) Begriff und Funktion des Bestätigungsschreibens

aa) Der „Normalfall" des unternehmerischen Bestätigungsschreibens (BS) ist Beispiel 5 b): Die Parteien schließen mündlich einen Vertrag. Daraufhin bestätigt eine Partei den mündlichen Vertrag in einem Schreiben an die andere Partei. Ein Detail, über das mündlich nicht gesprochen worden ist (Modalität der Lieferung), wird ergänzt.

Beachte:
Worin liegt die Funktion solcher BS, warum machen Unternehmer das? Bei umfangreichen Vertragswerken besteht nach der grundsätzlichen mündlichen Einigung naturgemäß ein erhebliches praktisches Bedürfnis nach schriftlicher Festlegung aller Details und damit nach Präzisierung des mündlich Vereinbarten. Dazu kommt die Beweisfunktion des Schreibens.

bb) Streng genommen müsste man zwischen dem „Bestätigungsschreiben" (= Bestätigung des mündlich Vereinbarten) und der (praktisch viel häufigeren) **„Auftragsbestätigung"** (= schriftliche Annahme eines Anbotes) unterscheiden. Beide Fälle werden aber von der Rsp völlig zu Recht nach denselben Grundsätzen beurteilt, sodass sie auch hier gemeinsam behandelt werden. Zudem unterscheidet die unternehmerische Praxis nicht so streng: Häufig werden BS als Auftragsbestätigung bezeichnet; „Auftragsbestätigung" ist der unter Unternehmern für beide Formen gebräuchliche Ausdruck.

b) Abweichendes Bestätigungsschreiben

aa) Problemstellung

aaa) Solange sich der Inhalt der mündlichen Vereinbarung und jener des BS decken, bestehen keine weiteren Probleme: Das Schreiben ist Beweismittel für Abschluss und Inhalt der bestätigten mündlichen Vereinbarung.

bbb) Schwieriger gestaltet es sich, wenn das BS von der mündlichen Vereinbarung abweicht. Dann ist zu fragen, ob der Inhalt des BS oder jener der mündlichen Vereinbarung als Vertragsinhalt gilt. Als einfache Richtschnur kann man sich zunächst merken, dass es auf die **Konsensfähigkeit** der Abweichung für den Adressaten des Schreibens ankommt. Die Verkehrssicherheit erfordert, dass in erster Linie das Vereinbarte gilt. Nur in ganz besonderen Ausnahmefällen kann durch Stillschweigen auf ein vom Vereinbarten abweichendes BS eine Vertragsänderung eintreten. Damit leuchtet nach dem vertrauenstheoretischen Konzept des Vertragsabschlusses im ABGB schon ein, dass lediglich geringe Abweichungen, also nur das **ergänzende** bzw **präzisierende BS** die Zustimmung des Empfängers finden wird.

bb) Fallgruppen der Abweichung

aaa) Das BS widerspricht dem mündlich Vereinbarten (Beispiel 5 a)).

Lösung (hM): Schweigen auf das BS bedeutet keine Zustimmung, der Vertrag kommt mit dem mündlichen Inhalt zustande. Beachte aber unten c) cc)! Das BS ist als neues Anbot zu deuten, das der Empfänger annehmen kann oder nicht. Schweigen ist keine Annahme dieses Anbotes.

Im Beispiel 5 a) ist daher zwischen A und B ein Kaufvertrag über 1.000 Herrenhemden zum Preis von € 13/Stück zustande gekommen. Das Fax des A über die Herrenanzüge ist ein Anbot auf Abschluss eines weiteren Kaufvertrages, das B nicht annimmt (er verweigert die Annahme der Anzüge).

bbb) Das BS stimmt grundsätzlich mit der mündlichen Vereinbarung überein, aber präzisiert oder ergänzt das Mündliche, etwa durch Festlegung der Liefermodalität (Beispiel 5 b)) oder durch Hinweis auf AGB, auf die bei den mündlichen Verhandlungen noch nicht hingewiesen wurde (Beispiel 5 c)).

Lösung: Die Ergänzungen/Präzisierungen werden dann Vertragsinhalt, wenn die Abweichung von der mündlichen Vereinbarung den Interessen des Empfängers des BS (hier: B) gerecht wird. Das wird bei der Liefermodalität (Beispiel 5 b)) zu bejahen sein. Die Lieferung am 11. 7. 2007 mit dem Frächter X ist also Inhalt des Vertrages zwischen A und B geworden.

Beim Hinweis auf die AGB (Beispiel 5 c)) ist die Konsensfähigkeit uU zweifelhaft. Bei Anbahnung einer neuen Geschäftsverbindung wird man sie verneinen müssen, im Rahmen einer ständigen Geschäftsverbindung wird aber wohl – besonders unter Unternehmern! – häufig eine konkludente Einbeziehung der AGB bejaht werden können. Bedenkt man zudem den Maßstab der Geltungskontrolle in § 864a ABGB, so wird es wohl auch auf den Inhalt der AGB (Ungewöhnlichkeit, Nachteiligkeit) ankommen müssen: Bestimmungen in AGB, die gemessen an § 864a ABGB nicht Vertragsbestandteil werden, werden auch in aller Regel nicht als Teil eines BS konsensfähig sein. Im Beispiel 5 c) wird es also für die Frage, ob die Lieferbedingungen des A Inhalt des mit B abgeschlossenen Kaufvertrages geworden sind, entscheidend darauf ankommen, ob A und B in Geschäftsverbindung miteinander stehen. Darüber hinaus wären die Lieferbedingungen des A einer Kontrolle nach § 864a ABGB zu unterziehen.

ccc) Der mündliche Vertrag ist (noch) nicht zustande gekommen, eine Partei „bestätigt" also eine gar nicht wirksame Vereinbarung (Beispiel 6).

Beachte:

Diese Fallgruppe ist besonders wichtig, wenn das Geschäft etwa wegen Fehlens der Vertretungsmacht nicht wirksam wird:

Beispiel 7:

A schließt mit C, der sich als Vertreter des B ausgibt, aber keine Vollmacht hat, einen Kaufvertrag über Herrenhemden. Am nächsten Tag sendet A wie vereinbart das schon aus Beispiel 6 bekannte Bestätigungsfax. Im Unternehmen des B legt die Sekretärin das Fax ab. Muss B die Lieferung annehmen? Wenn B das Geschäft mit A nicht genehmigt und sich auch nicht den Vorteil aus dem Geschäft zuwendet, so kommt jedenfalls mündlich (durch die Erklärungen von A und C) kein gültiger Vertrag zwischen A und B zustande.

Lösung: Da auch mündlich noch nicht einmal ein Vertragsabschluss stattgefunden hat, kann das Schweigen auf das „Bestätigungs-"Schreiben keine Zustimmung bedeuten. Das BS ist wie in Fall aaa) als neues Anbot zu deuten, das der Empfänger annehmen kann oder nicht. Schweigen ist keine Annahme dieses Anbotes.

Weder in Beispiel 6 noch in Beispiel 7 kommt daher ein gültiger Kaufvertrag zwischen A und B zustande.

Beachte:
Ausnahmen können sich aus anderen Umständen ergeben, die nach § 863 (Abs 2) ABGB eine Deutung des Schweigens als Zustimmung ermöglichen. So kann sich eine Antwortpflicht aus einer **ständigen Geschäftsverbindung** ergeben.

Beispiel 8:
Wenn A und B im obigen Beispiel 6 vor den telefonischen Verkaufsverhandlungen bereits in Geschäftsverbindung gestanden haben (dafür reicht, dass zeitlich nicht allzu lange vor diesem Geschäft ein anderes Geschäft zwischen A und B abgewickelt worden ist!), so bejaht die Rsp eine Antwortpflicht des B. Die Geschäftsverbindung verpflichtet B nach Treu und Glauben, den Geschäftspartner (A) über den wahren Sachverhalt (noch kein Vertragsabschluss) aufzuklären. Antwortet B nicht, so bedeutet sein Schweigen die Zustimmung zum BS, es ist damit zwischen A und B ein Kaufvertrag über die teuren Hemden „Apollo de luxe" zustande gekommen.

c) Wichtige Einzelfragen

aa) Merke die Begründung für die Lösung unter b) bei *F. Bydlinski*: Wer ein der mündlichen Vereinbarung widersprechendes BS verfasse und abschicke, der handle grob sorgfaltswidrig. Es sei daher nicht einzusehen, dass dieses vertragswidrige und die Verkehrssicherheit schwer gefährdende Verhalten zugunsten des Schreibenden ausschlage, da dies ansonsten einen ständigen Anreiz zur Verfälschung des Vereinbarten darstellen würde.

bb) Die wohl hM in Deutschland ist jedenfalls hinsichtlich der Beispiele 5 a) und 5 c) gegenteiliger Auffassung: Das BS habe konstitutive Wirkung, dh, Schweigen bedeute im unternehmerischen Verkehr kraft Handelsbrauches (manche sprechen sogar von Gewohnheitsrecht!) Zustimmung zur Abweichung vom mündlich Vereinbarten.

cc) Obwohl also nach der österreichischen Lösung nur ein Teil der Fälle des unternehmerischen BS wirklich vertragsändernde Funktion haben kann, darf die (davon strikt zu unterscheidende) **Beweiswirkung** eines unwidersprochen gebliebenen BS nicht übersehen werden: Es hat die Vermutung der Richtigkeit und Vollständigkeit für sich, der Empfänger muss diese Vermutung durch andere Beweise entkräften. Das gilt auch in den krassen Fällen einer verkehrswidrigen Versendung eines BS wie in den obigen Beispielen 5 a), 6 und 7. Nach hM soll allerdings die Beweisfunktion gegenüber einem Nichtunternehmer nicht greifen.

d) Abgrenzungen

aa) Das „Bestätigungsschreiben" wird in Erfüllung eines vertraglichen Formvorbehalts (§ 884 ABGB) zugesendet, uU erfolgt auch noch eine Gegenbestätigung. Manche sprechen vom „konstitutiven" BS (nicht verwechseln mit der „konstitutiven" *Wirkung* des BS nach der deutschen hM – oben c) bb)).

bb) **Rechnungen** sind schon wegen ihrer anderen unternehmerischen Funktion keine Anbote. Dasselbe gilt für Lieferscheine. Beide werden erst nach Vertragsabschluss als Folge desselben geschrieben. Der von der Vereinbarung abweichende Inhalt von Rechnungen/Lieferscheinen wird daher schon nach ABGB nicht zum Vertragsinhalt. Daher kann auch das Schweigen auf eine solche Rechnung oder einen Lieferschein keine Zustimmung sein. Das ist von großer praktischer Bedeutung, weil meist erst auf der Rückseite der Rechnung (des Lieferscheins) die AGB aufscheinen. Diese AGB werden damit nicht Vertragsbestandteil. Das gilt nach neuerer Rsp selbst dann, wenn die AGB im Rahmen einer Geschäftsverbindung immer auf den Rechnungen aufscheinen.

B. Das Kontokorrent

I. Begriff und Funktionen

1. Begriff

Ein Kontokorrent (laufende Rechnung) liegt nach der Legaldefinition des § 355 Abs 1 vor, wenn jemand mit einem Unternehmer derart in Geschäftsverbindung steht, dass die aus der Verbindung entspringenden beiderseitigen Ansprüche und Leistungen nebst Zinsen in Rechnung gestellt und in regelmäßigen Zeitabschnitten durch Verrechnung und Feststellung des für den einen oder anderen Teil sich ergebenden Überschusses ausgeglichen werden. Wesentlich für das Kontokorrent (KK) sind also die periodische Verrechnung der wechselseitigen Forderungen und die mit der Verrechnung verbundene Feststellung eines Saldos, der als Guthaben einer Partei eine von den Einzelposten unabhängige Forderung darstellt.

Beispiel 9:
Die Jus-Studentin X hat ein „Studentenkonto" bei der Bank Y. Es handelt sich um ein Girokonto mit einem Kreditrahmen von € 2.000.

Beispiel 10:
Der Lebensmittelhändler L steht in Geschäftsverbindung mit dem Großhändler G. L wird wöchentlich von G beliefert, die Buchungen erfolgen auf einem „Einkaufskonto" des L bei G. Monatlich bekommt L von G eine Abrechnung über die gelieferten Sachen abzüglich der Retourware.

2. Überblick über die gesetzliche Regelung

- § 355 Abs 1 gesetzlicher Tatbestand des KK
- § 355 Abs 2 Zweifelsregel über die Dauer der Rechnungsperiode
- § 355 Abs 3 Verrechnung
- § 355 Abs 4 Saldofeststellung und Verzinslichkeit der Saldoforderung
- § 355 Abs 5 Beendigung des KK
- § 355 Abs 6 Verbraucherschutzbestimmung, wonach das Sich-Berufen auf einen Rechnungsabschluss, der unter Verwendung einer gegen ein gesetzliches Verbot oder gegen die guten Sitten verstoßenden Bedingung in AGB oder Vertragsformblättern für Verträge aufgestellt wurde, einem Sich-Berufen auf eine unzulässigerweise vereinbarte Bedingung iSd § 28 Abs 1 letzter Satz KSchG gleichsteht.
- § 356 bestimmt, dass die Sicherheiten auch beim Saldoanerkenntnis fortbestehen.
- § 357 ermöglicht die Pfändung des gegenwärtigen Saldos durch Drittgläubiger.

Merke:
Das KK ist keine Schöpfung des Gesetzgebers, sondern ist im Geschäftsverkehr entstanden! Es handelt sich dabei um einen bürgerlich-rechtlichen Vertrag, der in §§ 355 ff UGB (zuvor schon im HGB) gesetzlich geregelt wurde.

3. Funktionen des KK

a) Vereinfachung/Vereinheitlichung

An die Stelle einer Vielzahl von Einzelforderungen bzw -verbindlichkeiten samt ebenso vielen Zahlungsvorgängen tritt eine Saldoforderung, die mit dem Anerkenntnis durch den Geschäftspartner auch rechtlich vereinheitlicht wird.

b) **Sicherung**

Die Forderung jeder Partei ist insofern sicher, als die Befriedigung durch das Erlöschen der eigenen Verbindlichkeit möglich ist; dh, man erspart sich allfällige Unannehmlichkeiten beim Hereinbringen von Forderungen.

Merke:

Das KK ähnelt insofern auf den ersten Blick der Aufrechnung. Allerdings bestehen als wesentliche Unterschiede die periodische Saldofeststellung und das damit verbundene Entstehen einer eigenständigen Forderung. Vgl zur Aufrechnung SchR AT 5. Abschnitt D.

c) **Kreditierung?**

Nach hM hat das KK **keine** Kreditfunktion. Allerdings kann sich aus der Parteienvereinbarung wegen der Vereinfachungsfunktion des KK ergeben, dass nicht jedes Debet sofort ausgeglichen werden muss (zB BankKK, vgl Beispiel 9), weshalb dem KK in bestimmten Fällen eine gewisse Kreditfunktion nicht abgesprochen werden kann. Jedenfalls Kreditfunktion erfüllt der KK-Kredit!

II. Merkmale

1. Unternehmer

a) § 355 ist nur anwendbar, wenn das KK ein zumindest einseitig unternehmensbezogenes Geschäft ist.

b) Es gibt aber auch das KK unter Nichtunternehmern/Verbrauchern (**„uneigentliches KK“**). Nach hM sind die unternehmensrechtlichen Bestimmungen auf das uneigentliche KK analog anzuwenden. Davon ausgenommen ist aber wohl die Zinseszinsregelung des § 355 Abs 4. Im Gegensatz zum dBGB (§ 248 Abs 1) findet sich in Österreich kein Zinseszinsverbot; Zinseszinsen müssen allerdings ausdrücklich vereinbart werden. Durch die Erweiterung des subjektiven Anwendungsbereichs auf alle Unternehmer ist das Kontokorrent praktisch stets auf die Beteiligung eines Unternehmers beschränkt.

2. Geschäftsverbindung

Grundlage des KK ist eine auf Dauer angelegte Geschäftsverbindung.

3. Beiderseitige Ansprüche und Leistungen

§ 355 Abs 1 erwähnt als Gegenstand des KK die aus der Verbindung entspringenden **beiderseitigen** Ansprüche und Leistungen. Es ist aber nach heute hM nicht notwendig, dass auf beiden Seiten tatsächlich Forderungen entstehen, sondern ausreichend, dass beiderseitige Forderungen/Leistungen zu erwarten sind. Im obigen Beispiel 10 stehen im KK zwischen L und G nur Kaufpreisforderungen des G, die samt den Lieferungen des G an L am „Einkaufskonto“ gebucht werden. Nach der Vereinbarung zwischen L und G soll auch die Retourware entsprechend gebucht werden. Es können damit auch Ansprüche des L gegen G entstehen (auf Berücksichtigung der Retourware beim monatlich zu zahlenden Preis).

4. Kontokorrentabrede

a) Das KK setzt eine Kontokorrentabrede voraus. Die Parteien kommen dabei überein, dass die beiderseitigen Ansprüche/Leistungen nach einer bestimmten Zeitperiode abgerechnet werden und das sich für eine Partei ergebende Guthaben eine von den Einzelposten unabhängige und rechtlich selbstständige Forderung begründet. Dies kann auch konkludent erfolgen. Durch die Vereinbarung des KK soll laut den Materialien zum UGB der rechtsgeschäftliche Charakter unterstrichen werden.

Die KK-Abrede besteht also aus drei Punkten:

- In-Rechnung-Stellen
- Verrechnung in regelmäßigen Zeitabschnitten (**„PeriodenKK“**)
- Feststellung des Saldos

b) Die KK-Abrede muss nach allgemeinen Grundsätzen nicht die Bezeichnung „Kontokorrent“ oder „laufende Rechnung“ aufweisen, der entsprechende Parteiwille ist durch Vertragsauslegung zu ermitteln. Auch konkludente Vereinbarungen sind denkbar, so nach der Rsp etwa die wiederholte Zusendung von Kontoauszügen und Abrechnungen und die widerspruchslose Anerkennung der sich daraus ergebenden Salden.

5. Rechnungsperiode

Regelmäßiger Inhalt einer KK-Abrede ist die Festlegung der Rechnungsperiode, dh des Zeitabschnittes zwischen zwei Rechnungsabschlüssen bzw zwischen Kontoeröffnung und dem ersten Rechnungsabschluss. Mangels Vereinbarung greift die Zweifelsregel des § 355 Abs 2: ein Jahr.

Beachte:
Im praktisch bedeutsamsten BankenKK ergibt sich die Rechnungsperiode aus den ABB der Banken (gemäß Z 38 Abs 1: vierteljährlich). Beachte: Die allgemein gebräuchlichen Tagesauszüge unterscheiden sich von Rechnungsabschlüssen! Nach der Rsp haben Tagesauszüge nur Mitteilungswert.

III. Umfang

Damit eine Forderung/Leistung Teil eines KK sein kann, müssen zwei Voraussetzungen erfüllt sein:

1. KK-Fähigkeit

KK-fähig sind nur buchungsfähige Forderungen/Leistungen. Diese müssen aber nicht zwingend auf Geld gerichtet sein, ein anderer einheitlicher Maßstab genügt (selten!; vgl aber zB PalettenKK [4 Ob 514/96]).

2. KK-Gebundenheit

Welche KK-fähigen Forderungen/Leistungen tatsächlich Teil des konkreten KK sind, bestimmen die Parteien. Bei der Auslegung der KK-Abrede sind folgende Gesichtspunkte zu beachten:

- Im Zweifel werden alle Forderungen KK-gebunden sein, die im gewöhnlichen Geschäftsverkehr entstanden sind.
- **Nicht** KK-gebunden sind:
  - ungewöhnlich hohe oder unerwartete Ansprüche
  - Forderungen, die auf sofortige Zahlung nach Fälligkeit gerichtet sind, weil dem die periodische Abrechnung entgegensteht
  - aufschiebend bedingte und befristete Forderungen/Leistungen, die erst nach der nächsten Saldofeststellung fällig werden (hM)
- Unklagbare Forderungen können KK-zugehörig sein, stehen aber unter einer auflösenden Bedingung für den Fall, dass der Schuldner (Sch) die Erfüllung verweigert (Naturalobligation!).

- Im Zweifel nicht KK-zugehörig sind Wechsel- und Scheckforderungen, dies ergibt sich aus zwei Gründen: Die Forderungen wären vor Fälligkeit nicht abtretbar (unten IV. 2.), daher wäre die Umlauffähigkeit des Wertpapiers nicht gegeben. Nach der Saldofeststellung gingen die Vorteile des Wechsel- bzw Scheckprozesses (erleichterte und schnellere Rechtsdurchsetzung) verloren, weil nunmehr die Saldoforderung geltend gemacht werden müsste, die selbst keine Wechsel- bzw Scheckforderung ist.

3. Mehrfaches KK

Die Begründung mehrfachen KK zwischen denselben Parteien ist möglich. Dies ist va im Bankbereich üblich (zB mehrere Konten). Dabei ist jede Saldoforderung selbstständig, die verschiedenen Konten werden nicht miteinander verrechnet.

IV. Wirkungen

1. Rechtsnatur

Die Rechtsnatur der Forderungen wird durch ihre Einstellung in ein KK **nicht** verändert! Es handelt sich weiterhin um Forderungen aus einem Kauf-, Kreditvertrag, einer Kommission usw.

Auswirkungen hat die KK-Gebundenheit aber auf die Geltendmachung der Forderung, ihre Verfügbarkeit bzw den Zugriff durch Dritte. Die Fälligkeit und die Möglichkeit der Erfüllung der Einzelforderung werden bis zum Ende der Rechnungsperiode „hinausgeschoben“.

2. Verfügbarkeit

KK-gebundene Forderungen können **nicht (mehr) selbstständig geltend gemacht** werden. Denn die Parteien haben durch die Einbindung der Forderung in das KK über diese Forderung bereits verfügt, eine selbstständige Geltendmachung der Einzelforderung mittels Leistungsklage würde dieser einvernehmlichen Verfügungsregelung widersprechen (KK-Einrede möglich). Dagegen ist eine Feststellungsklage möglich, weil hier ja nur der streitige Bestand der Forderung gerichtlich geklärt werden soll.

KK-zugehörige Forderungen sind daher nicht Gegenstand von:

- Zession
- Verpfändung
- Aufrechnung
- Pfändung durch einen Dritten – unterscheide davon streng die Pfändung des Saldos (unten IX.)

3. Fälligkeit

Die Einzelforderung wird nicht vor Ablauf der Rechnungsperiode fällig, weil ja ihre periodische Verrechnung vereinbart ist. Damit beginnt die Verjährung erst mit dem Ablauf der Rechnungsperiode, für die Zeit dazwischen ist die Verjährung gehemmt. Wird der Saldo auf die neue Rechnungsperiode übertragen, so ist die Verjährung bis zum Ende des KK-Verhältnisses gehemmt und beginnt erst nach diesem Zeitpunkt zu laufen.

Beachte:
Diese Wirkung des KK auf die Fälligkeit und damit auf die Verjährung ähnelt der Stundung. Dennoch liegt keine Stundung vor, weil die KK-gebundene Forderung bereits mit Fälligkeit zu verzinsen ist und auch nach Ablauf der Rechnungsperiode nicht selbstständig geltend gemacht werden kann, sondern verrechnet wird (unten V.). Zur Stundung SchR AT 3. Abschnitt B. II.

4. Erfüllung

Zahlungen während der Rechnungsperiode haben keine Erfüllungswirkung, sondern verändern vorerst nur den buchmäßigen Saldo. Die §§ 1415, 1416 ABGB sind daher (vorerst) nicht anwendbar (s aber dazu unten V. 2. b)).

5. Zinsen

Nach § 355 Abs 1 werden die Forderungen/Leistungen „nebst Zinsen" in Rechnung gestellt. Daraus folgt:

a) In ein KK gestellte Forderungen sind ab dem Zeitpunkt ihrer (ursprünglichen!) Fälligkeit zu verzinsen.

b) Nicht nur verzinsliche Forderungen sind KK-fähig (der Wortlaut des § 355 Abs 1 ermöglicht die Verzinsung, zwingt aber nicht dazu!).

c) Zinsen sind KK-zugehörig und teilen das rechtliche Schicksal der Hauptforderung; so ist etwa eine gesonderte Verjährung für Zinsen ausgeschlossen (anders § 1480 ABGB).

d) Im KK gibt es auch Zinseszinsen (§ 355 Abs 4 letzter Satz), dh Zinsen auch von den im festgestellten Saldo enthaltenen Zinsen (unter Nichtunternehmern: siehe oben II. 1. b)).

V. Verrechnung

1. Funktion

Der Ausgleich der KK-zugehörigen Forderungen/Leistungen erfolgt durch die periodische Verrechnung und die daran anschließende Saldofeststellung. Die Verrechnung ist ein Fall der einverständlichen Aufrechnung und hat bereits Erfüllungsfunktion (Tilgungsfunktion), ist also nicht nur ein Buchungsvorgang.

2. Kausaler Saldo

a) Begriff

Durch die Verrechnung entsteht am Ende der Periode ipso iure ein Guthaben für die eine oder die andere Partei. Die damit entstandene „kausale" Saldoforderung besteht in einem Zahlungsanspruch und kann eingeklagt werden. Anders als beim Saldoanerkenntnis (unten VI.) entsteht aber (noch) keine „abstrakte" Forderung, sondern die Saldoforderung ist in ihrem Bestand von den verrechneten Einzelforderungen abhängig. Das bedeutet im Prozess, dass der Saldogläubiger das Bestehen jeder Einzelforderung zu beweisen hat.

b) Zusammensetzung des Saldos

aa) Problem

Wegen der Kausalität der Saldoforderung kommt es entscheidend darauf an, aus welchen Einzelforderungen sich der Saldo zusammensetzt. Nur so können Fragen wie Verjährung, Gerichtsstand oder Erfüllungsort geklärt werden. Besonders wichtig ist diese Frage dann, wenn es nicht (wie im Regelfall) zum Saldoanerkenntnis (unten VI.) kommt oder das Anerkenntnis unwirksam ist (zB an einem Willensmangel leidet), weil dann als klagbare Forderung nur der kausale Saldo zur Verfügung steht.

Beispiel 11:

In einem KK stehen zugunsten des A eine Kaufpreisforderung von 80 und eine Kreditforderung von 70, zugunsten des B zwei Forderungen von 80 und 20. Der Saldo ist damit 50 zugunsten des A. Aus welchen Forderungen besteht aber nun der Saldo? Ist er ein Bruchteil der Forderung des A von 80 oder jener von 70? Wie spielen die Forderungen des B herein? Die Fragen lassen sich natürlich in diesem sehr einfachen Beispiel vordergründig durch Addition und Subtraktion einfach beantworten. Nehmen wir aber an, die Kreditforderung des A in Höhe von 70 sei durch ein Pfand gesichert. Besteht diese Sicherheit im Saldo von 50 noch fort und wenn ja, in welcher Höhe? Sollte die Forderung des B von 80 bereits vor Einstellung in das KK verjährt und damit nicht mehr einklagbar sein, wie und va in welcher Höhe wirkt sich das auf den Saldo aus?

Zur Lösung dieser Fragen gab es verschiedene Theorien. Das UGB hat den Meinungsstreit beseitigt und sich der Lehre von der zivilrechtlichen Tilgungsordnung angeschlossen: Gemäß § 355 Abs 3 sind die §§ 1415, 1416 ABGB anzuwenden. Nach § 356 Abs 1 wird der Gläubiger (Gl), wenn eine Forderung, die durch Pfand, Bürgschaft oder in anderer Weise gesichert ist, in die laufende Rechnung aufgenommen wird, durch die Anerkennung des Rechnungsabschlusses nicht gehindert, aus der Sicherheit Befriedigung zu suchen, **„soweit die gesicherte Forderung nach § 355 Abs 3 fortbesteht"**.

bb) *Lösung*

Lies zunächst die §§ 1415, 1416 ABGB und dazu SchR AT 5. Abschnitt A.

Die im ABGB vorgegebene Tilgungsordnung wird gemäß § 355 Abs 3 im KK angewendet und danach die Zusammensetzung des Saldos beurteilt. Die §§ 1415, 1416 ABGB sind Zweifelsregeln, geben also einen vom Gesetzgeber vermuteten typischen Parteiwillen wieder; zudem ist ihre Anwendung relativ einfach (Vereinfachungsfunktion!). Existieren mehrere Schuldposten, ist gemäß § 1415 ABGB zunächst die Parteienvereinbarung maßgebend. Mangels einer solchen einvernehmlichen Vereinbarung kann der Sch seine Zahlungen widmen, wobei der Gl gegen diese Widmungserklärung Widerspruch erheben kann. Widerspricht der Gl oder hat der Sch die Widmungserklärung nicht ausreichend bestimmt, so gelangt die gesetzliche Tilgungsreihenfolge des § 1416 ABGB zur Anwendung. Aus Sicht des Sch erweist es sich als nachteilig, dass § 1416 ABGB zunächst die Tilgung der Zinsen und erst dann die Tilgung des Kapitals anordnet. Andererseits entspricht es aber auch der hA zu § 1416 ABGB, dass gesicherte Forderungen, weil für den Sch beschwerlicher, vorrangig getilgt werden und in Folge auch die Sicherheiten mit ihnen untergehen (Prinzip der Akzessorietät). Dies kann dazu führen, dass trotz grundsätzlichem Fortbestand der Sicherheiten, der Saldo iE ungesichert ist, weil uU nur mehr die „übrig gebliebenen" ungesicherten Ansprüche den Saldo bilden. (Beachte: Im BankKK ordnen die Bank-AGB eine vorrangige Tilgung ungesicherter Verbindlichkeiten an.)

Folgerungen:

- Unklagbare Forderungen sind von § 1416 nicht erfasst, sie werden daher nur untereinander, nicht aber mit den klagbaren Forderungen verrechnet.

  Sollte in Beispiel 11 die Forderung des B von 80 bereits verjährt sein, so würde sie bei der Ermittlung des Saldos nicht mitgezählt. Der Vorteil für A ist evident: Der Saldo beträgt 130 (80 + 70 – 20) und nicht bloß 50!

- Nach dem Parteiwillen (wirtschaftlich) zusammengehörende Forderungen und Leistungen bleiben auch in der Tilgung beisammen, was wiederum im Zweifel dem Parteiwillen entspricht.

  Beispiel 12:

  A und B haben ein KK-Verhältnis miteinander, A hat gegen den B eine Forderung aus der Warenlieferung vom 12. 1. 2018 in der Höhe von € 1.125. Wenn B nun € 1.125 bezahlt, so kann aus dem Bestimmungsrecht des § 1415 ABGB abgeleitet werden, dass B damit seine Schuld aus der Warenlieferung vom 12. 1. 2018 tilgen will. Soweit A damit einverstanden ist, ist damit die Forderung des A mit der Leistung des B verrechnet. Eine Einbeziehung der Leistung von € 1.125 in die allgemeine Verrechnung im KK würde dagegen dem Parteiwillen widersprechen.

- Indes wird der Gl nach § 356 Abs 1, wenn eine Forderung, die durch Pfand, Bürgschaft oder in anderer Weise gesichert ist, in die laufende Rechnung aufgenommen wird, durch die Anerkennung des Rechnungsabschlusses nicht gehindert, aus der Sicherheit insoweit Befriedigung zu suchen, „soweit die gesicherte Forderung nach § 355 Abs 3 fortbesteht" (dazu noch näher unten VIII. 2.).

VI. Saldoanerkenntnis

1. Durchführung

Nicht nur die Verrechnung (oben V.) kennzeichnet das KK, sondern va die sich daran anschließende Feststellung des Saldos durch Anerkenntnis. Dies geschieht praktisch (wie in Beispiel 10) so, dass eine Partei (G) die Verrechnung durchführt, den Rechnungsabschluss erstellt und den Saldo der anderen Partei (L) zur Anerkennung übersendet. Dieses Anbot von G auf Abschluss eines Anerkenntnisvertrages bedarf der Annahme durch L; diese kann auch konkludent erfolgen. § 355 Abs 4 legt fest, dass jeder Teil gegen den anderen einen Rechtsanspruch auf Feststellung des Saldos hat. Die Mitwirkung an der Saldofeststellung durch Anerkenntnis ist eine Vertragspflicht aus dem KK-Vertrag, sodass G bei Weigerung eine diesbezügliche Klage gegen L einbringen kann.

2. Rechtsnatur

Rechtsnatur und -wirkungen des Saldoanerkenntnisses waren lange Zeit umstritten. Das UGB erteilt der vor dem HaRÄG geltenden Novationstheorie (= durch eine Art Novation werden die Teilforderungen von der Gesamtforderung ersetzt) nunmehr eine klare Absage: Nach Ansicht des Gesetzgebers führt die Saldoziehung zu einem „abgeschwächt abstrakten Schuldanerkenntnis", das neben den kausalen Saldo tritt und selbstständig eingeklagt werden kann. Die Saldofeststellung kann daher als zusätzlicher, jedoch abgeschwächter Titel neben dem kausalen Saldo betrachtet werden. Der Gl kann diesen abstrakten Saldo zwar ohne Bezug auf die Einzelforderungen geltend machen, der Sch kann aber einwenden, dass der Gl ungerechtfertigt bereichert wäre. Diese Einwendungsmöglichkeit des Sch erklärt auch, weshalb das Saldoanerkenntnis nur als „abgeschwächter" (in der Lehre teils kritisch: „minderer") Titel betrachtet wird.

Der anerkannte Saldo unterliegt den allgemeinen Regeln über die Mangelhaftigkeit von Rechtsgeschäften und kann daher insb wegen Willensmangels angefochten werden. Werden der Saldoermittlung jedoch Forderungen zugrunde gelegt, die nicht oder nicht in dieser Höhe bestanden haben, so kann der Anerkenntnisvertrag wegen eines derartigen unbeachtlicher Motivirrtum nicht angefochten werden. Kann das Saldoanerkenntnis wegen Willensmangels nicht beseitigt werden, so dient das Bereicherungsrecht dem Interessenausgleich (beachte aber auch den Ausschlusstatbestand des § 1432 ABGB).

VII. Beendigung

1. Aufhebungsvereinbarung/Fristablauf

Die Parteien des KK können dieses jederzeit durch contrarius actus aufheben, auch wenn die Geschäftsverbindung fortdauert. Befristete KK enden durch Fristablauf. Im Fall der Beendigung ist nach der Rsp der sich aus der Verrechnung ergebende Saldo sofort fällig.

2. Ende der Geschäftsverbindung

Da die Geschäftsverbindung notwendige Grundlage eines KK ist, endet das KK mit dem Wegfall der Geschäftsverbindung. Die Geschäftsverbindung endet, wenn die Parteien dies wollen, was ggf durch Auslegung zu ermitteln ist. Allein die Tatsache, dass etwa schon länger keine Geschäfte mehr getätigt wurden, bedeutet noch nicht das Ende der Geschäftsverbindung. Der Wegfall eines Partners beendet das KK nur, wenn damit gleichzeitig die Geschäftsverbindung endet (zB Geschäftsauflösung); der Tod nur, wenn die Erben die Geschäftsverbindung nicht fortsetzen.

3. Kündigung

a) Das KK ist im Zweifel jederzeit und ohne Vorliegen eines Kündigungsgrundes auch während der Rechnungsperiode kündbar (§ 355 Abs 5). Wenn ein Partner während offener Rechnungsperiode den Saldo einklagt, so ist dies zugleich als Kündigung zu deuten (sonst wäre ja wegen der „Lähmung" der in Rechnung gestellten Forderungen ihre Geltendmachung nicht möglich!).

b) § 355 Abs 5 ist dispositiv, daher können Kündigungsgründe oder -fristen vereinbart werden. Auch der gänzliche Ausschluss des Kündigungsrechts ist zulässig, allerdings kann das KK dann nach den allgemeinen Regeln für Dauerschuldverhältnisse dennoch jederzeit aus wichtigem Grund gekündigt werden.

4. Insolvenz

a) Nach hA beendet auch die Eröffnung des Insolvenzverfahrens über das Vermögen eines Kontokorrentpartners das Kontokorrentverhältnis, weil die Verrechnung der gegenseitigen Ansprüche und Leistungen dem Zweck des Insolvenzverfahrens widerspricht. Mit Eröffnung des Insolvenzverfahrens sind daher die wechselseitigen Ansprüche und Leistungen zu verrechnen. Ein daraus resultierender Aktivsaldo des Gemeinschuldners wird Teil der Insolvenzmasse, ein Passivsaldo wird zur Insolvenzforderung. Ein Abschluss eines weiteren KK durch den Masseverwalter ist aber möglich.

b) Die Eröffnung eines Sanierungsverfahrens mit Eigenverwaltung (seit IRÄG 2010) beendet nicht automatisch das KK (hL).

VIII. Sicherheiten im Kontokorrent

1. Fortbestand der Sicherheiten

Nach § 356 Abs 1 wird der Gl, wenn eine Forderung, die durch Pfand, Bürgschaft oder in anderer Weise gesichert ist, in die laufende Rechnung aufgenommen wird, durch die Anerkennung des Rechnungsabschlusses nicht gehindert, aus der Sicherheit insoweit Befriedigung zu suchen, „soweit die gesicherte Forderung nach § 355 Abs 3 fortbesteht". Die Sicherheiten zur Besicherung des anerkannten Saldos bestehen also in jenem Umfang fort, als die Forderungen, für die sie bestellt wurden, im kausalen Saldo noch enthalten sind.

2. Voraussetzungen des § 356

a) Sicherheit und Einzelforderung

Die Sicherheit muss für eine KK-zugehörige Einzelforderung bestellt sein. Sicherheiten für den Saldo sind nicht erfasst (zB die sog KK-Bürgschaft = Verbürgung für den festgestellten Saldo).

b) Arten der Sicherheiten

Welche Sicherheiten sind erfasst?

- Pfand und Bürgschaft (Abs 1)
- Solidarhaftung eines Dritten (Abs 2): sowohl die auf Vertrag beruhende als auch Fälle gesetzlicher Solidarhaftung (zB Haftung des [ausgeschiedenen] Gesellschafters nach §§ 128, 159; Haftung nach § 39 UGB, § 1409 ABGB)
- Sicherungseigentum, Sicherungszession, Zurückbehaltungsrecht, Aufrechnung (hM)
- Eigentumsvorbehalt (hL): Gegen seine Einbeziehung spricht nach *F. Bydlinski*, dass der EV nicht das in § 356 angesprochene Befriedigungsrecht gibt.

c) Gesicherte Einzelforderung und Saldo

§ 356 setzt voraus, dass die gesicherte Forderung noch im kausalen Saldo enthalten ist (oben V. 2.). Denn § 356 will nur den Fortbestand der Sicherheit über das Saldoanerkenntnis hinaus erreichen, setzt also erst zu einem späteren Zeitpunkt ein. Infolge der schuldtilgenden Wirkung der Verrechnung erlöschen durch die Tilgung der gesicherten Forderung auch die Sicherheiten (Akzessorietätsprinzip). Nur wenn und soweit die Forderung und damit die Sicherheit im kausalen Saldo noch enthalten sind, ist die Gefahr des Erlöschens durch das Anerkenntnis überhaupt gegeben, was § 356 vermeiden will.

Fraglich ist, was mit dem durch das UGB eingefügten Verweis auf § 355 Abs 3 gemeint ist. Demnach sind bei der Verrechnung die §§ 1415 und 1416 ABGB anzuwenden. Indes wird häufig eine gesicherte Forderung die für den Sch „beschwerlichere" sein, sodass sie also nach § 1416 ABGB vor den ungesicherten Forderungen getilgt wird (vgl V. 2. b) bb)). Das bedeutet, dass nach UGB im KK idR gesicherte Forderungen vor den ungesicherten untergehen.

3. Haftung des ausgeschiedenen Gesellschafters für KK-Verbindlichkeiten

Oben in 2. b) wurde schon erwähnt, dass auch die Gesellschafterhaftung nach § 128 zu den Sicherheiten des § 356 zählt. Beim ausgeschiedenen Gesellschafter führt dies zu Auslegungsproblemen, weil sich Gesellschaftsrecht und KK-Recht potenziell widersprechen.

Beispiel 13:

Die A-OG nimmt einen KK-Kredit bei der B-Bank in Anspruch. X ist Gesellschafter der A-OG. Er scheidet am 21. 4. 2017 aus, was noch am selben Tag in das Firmenbuch eingetragen wird. Am Tagesauszug dieses Datums beträgt der Debetsaldo der A-OG € 54.000. Dieser Saldo verändert sich in der Folge laufend, seinen Tiefststand erreicht er am 23. 9. 2017 mit € 12.000. Bei Rechnungsabschluss am 31. 12. 2017 beträgt der Saldo € 38.000 und wird in dieser Höhe von der A-OG anerkannt. Am 23. 3. 2018 wird über das Vermögen der A-OG der Konkurs eröffnet, die B-Bank nimmt den ausgeschiedenen Gesellschafter X in Anspruch. Für welchen Betrag haftet X?

Die Lösung dieses Falles verbindet nach hM gesellschaftsrechtliche Grundsätze mit § 356:

- Auszugehen ist vom Grundsatz, dass der ausgeschiedene Gesellschafter nur für Altverbindlichkeiten, also für vor seinem Ausscheiden begründete Schulden, haftet (PersGes 2. Abschnitt E. II.). Daraus ist abzuleiten, dass der rechnerische Saldo (kein Saldo im technischen Sinn!) am Tag des Ausscheidens die Haftung des X jedenfalls nach oben begrenzt (hier: Tagesauszug vom 21. 4. 2006 in Höhe von € 54.000).
- KK-rechtlich ist die Haftung wie sonst nach § 356 durch den allenfalls niedrigeren nächsten Saldo begrenzt (str!). Obwohl in diesem Saldo ggf auch Neuverbindlichkeiten enthalten sind, für die X nach Gesellschaftsrecht nicht zu haften hätte.
- In Beispiel 13 ist aber nicht der niedrigste Tagesauszug vom 23. 9. 2006 (€ 12.000) heranzuziehen, weil dieser im Normalfall des PeriodenKK nur ein Rechnungsposten, nicht aber ein Rechnungsabschluss iSd KK-Abrede ist. Die Grenze bildet der Saldo bei Rechnungsabschluss zum 31. 12. 2006 in Höhe von € 38.000. Ergebnis: X haftet für € 38.000.

IX. Pfändung des Saldos

Unterscheide:

Pfändung = gerichtliche Einräumung eines Pfandrechts im Exekutionsweg; Verpfändung = rechtsgeschäftliche Einräumung eines Pfandrechts.

Die KK-gebundene Einzelforderung ist der Pfändung entzogen, weil über diese nicht mehr selbstständig verfügt werden kann. Eine Pfändung ist nur als Saldopfändung in folgenden Fällen denkbar:

1. Pfändung des gegenwärtigen Saldos

a) Funktion des § 357

Gl können das gegenwärtige Saldoguthaben pfänden, also jenen rechnerischen Saldo, der sich im Zeitpunkt der Pfändung ergibt. Wollte man den Gl dagegen auf den Saldo beschränken, der sich beim Rechnungsabschluss nach Ablauf der Rechnungsperiode ergibt, so wäre das für ihn gefährlich: Das Hinzutreten neuer Schuldposten seines Sch im KK würde dessen Guthaben und damit für den Gl den Erlös aus der Pfändung schmälern. Davor will § 357 den Gl schützen: Es wird der Saldo im Zeitpunkt der Pfändung festgestellt. Schuldposten aufgrund neuer Geschäfte nach der Pfändung werden dem Gl gegenüber nicht berücksichtigt.

Beachte:
Im Normalfall des PeriodenKK ist der „Saldo" zum Zeitpunkt der Pfändung kein Saldo iSd KK-Abrede, sondern nur ein rechnerischer Posten ähnlich dem Tagesauszug („Tagessaldo"). Die hM versteht daher § 357 als Ausnahme vom Grundsatz der periodischen Saldofeststellung: Der Gl darf zu seinem Schutz auf den buchmäßigen Saldo im Zeitpunkt der Pfändung zugreifen.

b) Keine Beendigung des KK

Mit der Pfändung wird das KK nicht beendet. Es wird nur für das Verhältnis zwischen betreibendem Gl und seinem Sch ein buchhalterischer Abschluss vorgenommen, um den gegenwärtigen Saldo zu ermitteln. Führte die Pfändung zur Beendigung, so wäre § 357 S 2 nicht zu erklären, wonach Schuldposten nach der Pfändung bei der Saldoermittlung zu berücksichtigen sind, wenn der Rechtsgrund vor der Pfändung entstanden ist (unten c) cc)). Aus demselben Grund wird auch die Rechnungsperiode nicht durch die Pfändung beendet. Str ist, ob der Gl sofort Zahlung verlangen kann. Wenn man wegen § 357 S 2 davon ausgeht, dass die Rechnungsperiode normal weiterläuft, so hat der Gl erst nach dem Rechnungsabschluss einen Zahlungsanspruch. Der Pfändungsgläubiger kann auch nicht, um diesen Aufschub seines Zahlungsanspruches zu verhindern, das KK kündigen. Es gibt kein solches Kündigungsrecht etwa analog § 135 UGB (Kündigung durch den Privatgläubiger).

c) Feststellung des zu pfändenden Saldos

aa) Gegenstand der Pfändung ist der Saldo im Zeitpunkt der Zustellung des Zahlungsverbotes (= Inhalt des Pfändungsbeschlusses) an den Drittschuldner, das ist der KK-Partner des Sch.

Beispiel 14:
A und B stehen in einem KK-Verhältnis. C hat eine Forderung gegen B aus einer Warenlieferung und pfändet das Saldoguthaben des B aus dessen KK mit A. A ist der Drittschuldner.

bb) Schuldposten, die durch neue Geschäfte nach der Pfändung entstehen, werden nicht berücksichtigt (§ 357 S 1) – das ist deshalb wichtig, weil der pfändende Gl zwar auf den Tagessaldo greifen kann, aber mit der Geltendmachung seines Zahlungsanspruches bis zum Rechnungsabschluss warten muss (oben b))!

cc) Kein neues Geschäft iSd § 357 S 1 liegt vor, wenn der Rechtsgrund für das Geschäft bereits vor Pfändung (= Zustellung des Pfändungsbeschlusses) entstanden ist (§ 357 S 2).

Beispiel 15:
Im KK zwischen A und B steht eine Kaufpreisforderung des B über € 100.000 datiert mit 3. 1. 2018. Der Gl C pfändet am 24. 3. 2018 das Saldoguthaben des B. Am 7. 5. 2018 wird der Kaufpreis aus dem Geschäft vom 3. 1. 2018 nach § 932 ABGB auf € 75.000 gemindert, weil die von B gelieferten Waren Mängel aufweisen. C muss diese Reduktion gegen sich gelten lassen, weil kein neues Geschäft vorliegt, sondern der Grund für die Minderung bereits im Kaufvertrag vom 3. 1. 2018 bestanden hat. Weitere Beispiele: Rücktritt, Wandlung, Anfechtung, Vorvertrag ua.

dd) Neue Habenposten nach der Pfändung kommen dem Gl nicht zugute.

2. Pfändung künftiger Salden

Unabhängig von § 357 stehen dem Gl nach allgemeinen Regeln des Exekutionsrechts zwei Möglichkeiten offen:

a) **Pfändung des Saldos aus dem nächsten Rechnungsabschluss**

aa) Das Exekutionsobjekt ist durch das bestehende KK ausreichend bestimmbar (Schuldner, Gläubiger und Rechtsgrund sind bekannt). Vorteil für den Gl gegenüber der Pfändung des gegenwärtigen Saldos (oben 1.): Habenposten seines Sch, die zwischen Pfändung und Rechnungsabschluss neu hinzukommen, kommen dem Gl zugute. Umgekehrt muss der Gl anders als nach § 357 (nicht anwendbar!) auch neue Schuldposten gegen sich gelten lassen.

bb) Will der Gl die Vorteile beider Pfändungsarten ausnützen, so kann er eine sog Doppelpfändung durchführen: Pfändung des gegenwärtigen und des zukünftigen Saldos.

b) **Pfändung aller künftigen Salden**

Nach Auffassung des dBGH kann der Gl auch alle künftigen (und für den Sch aktiven) Salden aus dem KK pfänden, bis er vollständig befriedigt ist. Auch hier ist die Bestimmbarkeit der künftigen Forderungen durch das KK ausreichend. Für Ö ist die Frage noch nicht abschließend geklärt.

C. Unternehmerisches Zurückbehaltungsrecht

I. Vergleich mit dem ABGB

1. ZbR im ABGB

Im Bürgerlichen Recht gibt es zwei Arten von ZbR:

a) ZbR iwS: Als Ausfluss des Zug-um-Zug-Prinzips kann der Schuldner (Sch) seine eigene Leistung bis zur Bewirkung der Gegenleistung durch den Gläubiger (Gl) zurückbehalten („Leistungsverweigerungsrecht", § 1052 ABGB).

b) ZbR ieS: Verweigerung der Herausgabe einer körperlichen Sache wegen eines Aufwandes auf bzw eines Schadens durch diese Sache (§ 471 ABGB). Die Sache kann bis zur Erfüllung der Gegenforderung zurückbehalten werden. Grundlage ist auch hier das Zug-um-Zug-Prinzip, nur setzt § 471 keinen Vertrag voraus. Lies SaR BT 1. Abschnitt E. I. 2. a) gg).

2. ZbR im UGB

In den §§ 369–372 finden sich Sonderregeln für das ZbR von Unternehmern, es entspricht dem ZbR ieS nach § 471 ABGB. Das unternehmerische ZbR unterscheidet sich vom ZbR des ABGB durch zwei wesentliche Gesichtspunkte:

a) Konnexität zwischen zurückbehaltener Sache und gesicherter Forderung ist nicht erforderlich, dh, die zurückbehaltene Sache muss nicht aus dem Rechtsgeschäft stammen bzw in einem schadenersatz- oder bereicherungsrechtlichen Zusammenhang stehen, dessentwegen das ZbR ausgeübt wird.

Beachte:

Anders die gesetzlichen Pfandrechte des Spediteurs (§ 410), Lagerhalters (§ 421) und Frachtführers (§ 440): Konnexität erforderlich. Nur das Pfandrecht des Kommissionärs sichert auch inkonnexe Forderungen, die nicht aus dem konkreten Ausführungsgeschäft, wohl aber aus sonstigen Kommissionsgeschäften in ein KK eingestellt sind (§ 397).

b) Während das ZbR im ABGB nur Sicherungsfunktion hat, kann der Unternehmer die zurückbehaltene Sache auch nach den Regeln über den Pfandverkauf verwerten (§ 371). Das ZbR im UGB beinhaltet also ein Befriedigungsrecht ähnlich dem Pfandrecht.

Beachte:
Wie im ABGB ist das ZbR zwar ein obligatorisches Recht, wirkt also nicht gegenüber einem dinglich Berechtigten (§ 369 Abs 2). Insolvenzrechtlich werden ZbR aber wie dingliche Rechte behandelt, bedingen also wie das Pfandrecht ein Absonderungsrecht (§ 10 Abs 2 IO). Auch kollisionsrechtlich ist das ZbR dem Pfandrecht gleichgestellt (§ 33 Abs 2 IPRG).

II. Voraussetzungen des unternehmerischen ZbR

1. Unternehmer

Gl und Sch der Forderung, die durch das ZbR gesichert werden soll, müssen im Zeitpunkt des Entstehens der Forderung und der Ausübung des ZbR **Unternehmer** sein.

2. Beiderseitig unternehmensbezogenes Geschäft

Die zu sichernde Forderung muss aus einem **beiderseitig unternehmensbezogenen Geschäften** stammen. Nach dem Wortlaut des § 369 müsste das Geschäft zwischen dem Gl und dem Sch geschlossen sein (**Unmittelbarkeitserfordernis**), ein Gläubiger- oder Schuldnerwechsel würde daher das ZbR ausschließen. So besteht va kein ZbR bei zedierten Forderungen. Nach hM ist aber § 369 für jene Fälle, wo dem Sch aus einem Parteiwechsel keine Gefahr droht, teleologisch zu reduzieren.

§ 369 gilt daher auch bei:

- Schuldnerwechsel
- Gläubigerwechsel im Erbgang
- Forderungen aus Inhaber- und Orderpapieren: Hier kann das Unmittelbarkeitserfordernis nicht gelten, weil diese Papiere ja zum Umlauf bestimmt sind, ein Gläubigerwechsel damit gerade bezweckt ist.

3. Geldforderung

Die Forderung muss eine Geldforderung sein oder jedenfalls in **Geld** liquidierbar sein, sonst ist die Befriedigung nach § 371 nicht möglich.

4. Fälligkeit

Die Forderung muss **fällig** sein. Von diesem Grundsatz gibt es zwei Ausnahmen:

a) Ein ZbR für nicht fällige Forderungen kann vereinbart werden.

b) außerordentliches ZbR („Notzurückbehaltungsrecht", § 370)

Demnach ist ein **ZbR wegen nicht fälliger** Forderungen in folgenden Fällen (alternativ) möglich:

aa) Eröffnung des Konkursverfahrens über das Vermögen des Sch (§ 370 Abs 1 Z 1); vor dem IRÄG 2010 galten auch die Ablehnung der Konkurseröffnung mangels hinreichenden Vermögens sowie die Ausgleichseröffnung als erfasst; dies wird wohl auch für die Eröffnung des Sanierungsverfahrens nach der IO Geltung haben.

bb) Zahlungseinstellung durch Sch (§ 370 Abs 1 Z 1).

cc) Erfolglose Exekution in das Vermögen des Sch (§ 370 Abs 1 Z 2). Nicht der Gl, der nun sein außerordentliches ZbR ausüben will, muss die Exekution erfolglos versucht haben, es reicht, dass irgendjemand es versucht hat!

- Besteht eine Anweisung des Sch oder hat der Gl die Verpflichtung übernommen, mit dem Gegenstand des ZbR in bestimmter Weise zu verfahren, so ist das ZbR nach § 369 Abs 3 ausgeschlossen (unten 3. a)). Das außerordentliche ZbR des § 370 besteht dennoch, wenn die „Notfälle" des § 370 Abs 1 dem Gl erst nach Übergabe des Gegenstandes bzw nach Übernahme der Verpflichtung bekannt werden (§ 370 Abs 2).
- Die Verwertung ist nur als Verkaufsbefriedigung möglich, für die Vollstreckungsbefriedigung fehlt es an der Fälligkeit (unten IV. 2. b)).

5. Nicht klagbare Forderung

Nicht klagbare oder bei Entstehen des ZbR bereits verjährte Forderungen schließen das ZbR aus; dagegen ist der Verjährungseintritt nach Entstehen des ZbR unschädlich.

6. Gegenstand des ZbR

Gegenstand des ZbR können nur beweglichen Sachen oder Wertpapiere des Sch sein:

a) Sachen: Nur Sachen mit einem Vermögenswert kommen infrage, weil sonst keine Verwertung möglich wäre. Unpfändbare Sachen sind aus demselben Grund nicht Gegenstand des ZbR.

b) Geld: Nur einzelne Geldstücke können Gegenstand des ZbR sein (zB wertvolle Goldmünzen), nicht dagegen die (übliche) Geldsummenschuld, hier ist nur Aufrechnung möglich.

c) Wertpapiere: nur Inhaber- und Orderpapiere, nicht Rektapapiere, weil diese nicht selbstständig verwertbar sind.

7. Eigentum des Sch

a) Das ZbR besteht nur an Sachen im Eigentum des Sch. Gegenüber einem dinglich Berechtigten besteht es nicht (§ 369 Abs 2).

b) Ein Zurückbehaltungsrecht an eigenen Sachen des Gl besteht nur in zwei Ausnahmefällen (§ 369 Abs 1 S 2):

aa) Das Eigentum ist vom Sch auf den Gl übergegangen, muss aber auf den Sch rückübertragen werden (zB bei Vertragsauflösung mit sachenrechtlicher ex nunc Wirkung).

Beispiel 16:

A erwirbt Eigentum aus einem Kaufvertrag mit B. Die Kaufsache ist mangelhaft, sodass A auf Wandlung klagt. Die Wandlung wirkt lediglich obligatorisch, also sachenrechtlich ex nunc, daher ist zunächst das Eigentum von B auf A übergegangen, A muss das Eigentum aber infolge der Wandlung wieder auf B rückübertragen. A hat daher ein Zurückbehaltungsrecht an der Kaufsache.

bb) Das Eigentum wird von einem Dritten für den Sch auf den Gl übertragen, ist aber dann vom Gl wieder an den Sch rückzuübertragen.

Beispiel 17:

Wie Beispiel 16, nur bekommt A die Kaufsache über ein Streckengeschäft von C (= Dritter) – zum Streckengeschäft siehe SaR BT 1. Abschnitt C II. 3.

cc) Str ist, ob die beiden Fälle des § 369 Abs 1 S 2 analogiefähig sind: Die hM lässt ein ZbR an jenen Sachen zu, die mit Willen des Sch vom Gl durch unternehmensbezogene Geschäfte erworben wurden. Wichtigster Fall ist die **Einkaufskommission.**

Beispiel 18:
Bei der Einkaufskommission erwirbt der Kommissionär (= Gl aus dem Kommissionsgeschäft) vom Dritten Eigentum, dies geschieht mit Willen des Kommittenten (= Sch). Der Kommissionär hat nach hM ein ZbR am Kommissionsgut. Daran hat er deshalb ein Interesse, weil sein gesetzliches Pfandrecht nur die Ansprüche nach § 397, dh nur Forderungen aus Kommissionsgeschäften (wenn auch nicht notwendig aus dem konkreten!), sichert.

8. Innehabung durch Gl

Der Gl muss mit **Willen** des Sch und aufgrund von unternehmensbezogenen Geschäften die Sachen innehaben.

- Innehabung liegt auch bei der Verfügung mittels Konnossement, Ladeschein oder Lagerschein vor.
- Der Gl muss die Sache aufgrund eines einseitig unternehmensbezogenen Geschäftes innehaben. Ein beiderseitig unternehmensbezogenes Geschäft ist nicht erforderlich. Nach hM reicht auch unternehmensbezogene Entgegennahme unbestellter Ware.

III. Ausschluss des ZbR

1. Anweisung/Verpflichtung nach § 369 Abs 3

a) Das ZbR ist nach § 369 Abs 3 ausgeschlossen, wenn es einer Anweisung des Sch oder einer Verpflichtung des Gl widerspricht, mit der Sache in bestimmter Weise zu verfahren. Die Anweisung muss vor oder spätestens bei Übergabe der Sache erteilt werden, die Verpflichtung kann der Gl auch später übernehmen.

Beachte die Sonderregelung beim außerordentlichen ZbR (§ 370 Abs 2).

b) Was ist nun eine solche Anweisung/Verpflichtung?

aa) Die Herausgabepflicht des Gl etwa aufgrund des Vertrages mit Sch kann es nicht sein. Denn jedes ZbR setzt eine Herausgabepflicht voraus und ist gleichsam die Ausnahme dazu.

bb) Erforderlich ist also eine **besondere** Weisung/Verpflichtung, die über die ohnehin bestehende vertragliche Herausgabepflicht hinausgeht:

- Eine solche Weisung/Verpflichtung liegt jedenfalls vor, wenn der Gl die Sache an einen Dritten herauszugeben hat; daher hat der Verkaufskommissionär oder der Handelsvertreter kein ZbR an den zum Verkauf an den Dritten übernommenen Waren; der Spediteur oder der Frachtführer hat kein ZbR an den zur Versendung bzw Beförderung an einen Dritten übernommenen Waren.
- Fraglich ist, ob nicht auch in jenen Fällen, wo der Gl gegenüber dem **Sch** zur Herausgabe verpflichtet ist, eine besondere Weisung/Verpflichtung vorliegen kann. Dies ist grundsätzlich zu bejahen, kann aber nur im Einzelfall durch Auslegung des Parteienverhaltens ermittelt werden. Denkbare Fallgruppen:

ZbR ausgeschlossen:

Gl hat die Sache zur jederzeitigen Verfügung des Sch zu halten; idR auch bei an Treuhänder übertragenem Eigentum; Sch übersendet Gl Waren zur Ansicht. Str ist der Kauf auf Probe, wenn es nicht zum Vertragsabschluss kommt.

*ZbR **nicht** ausgeschlossen:*

Eigentumsvorbehalt vereinbart, Vertrag wird aufgehoben: kein Ausschluss des ZbR, weil die Herausgabepflicht aufgrund des Kaufvertrages besteht (EV-Vereinbarung!) und daher keine besondere Verpflichtung nach § 369 Abs 3 ist (str, aA der OGH). Verpfändete Sachen dürfen nach Bezahlung der Schuld zurückbehalten werden (Pfandrecht erlischt!).

2. Überdeckung?

Das ZbR soll nach der deutschen hM ausgeschlossen sein, wenn und soweit es nicht (mehr) zur Sicherung bzw Befriedigung ausgeübt wird, sondern lediglich die Leistung des Sch erzwingen soll. Die Verweigerung der Herausgabe würde dann nämlich gegen die guten Sitten verstoßen. Praktisch wichtigster Fall: Der Wert der zurückbehaltenen Sache ist wesentlich höher als die Forderung, welche durch das ZbR gesichert werden soll (Überdeckung). Dieser Auffassung schloss sich der OGH für das österr Recht (2 Ob 62/04p) an. Es ist aber zweifelhaft, ob Sch dieses Schutzes wirklich bedarf: Er kann ja nach § 369 Abs 4 die Ausübung des ZbR durch Sicherheitsleistung abwenden. Dies wird ihm umso leichter fallen, je niedriger seine Schuld ist. Nach zutreffender österr Auffassung ist damit Sch durch § 369 Abs 4 ausreichend geschützt. Abgesehen von § 369 Abs 3 besteht als Grenze des ZbR wie im Bürgerlichen Recht nur das Schikaneverbot (§ 1295 Abs 2 ABGB).

3. § 1440 ABGB anwendbar?

§ 1440 ABGB über den Ausschluss des ZbR greift **nicht**, weil § 369 Abs 3 eine abschließende Regelung enthält (lex specialis!).

IV. Wirkungen des ZbR

1. Überblick

Das unternehmerische ZbR hat zwei Wirkungen:

a) Wie im ABGB steht dem Gl die Zurückbehaltungseinrede zu, dh, er kann die Herausgabe der zurückbehaltenen Sache verweigern.

b) Zusätzlich zu a) kann sich Gl aus der zurückbehaltenen Sache befriedigen (Verwertungsrecht nach § 371).

2. Verwertungsrecht

a) Schutz des Gl

Bei der Verwertung ist Gl besonders geschützt: Er genießt Vorrang bei der Befriedigung gegenüber einem nach seinem ZbR durch Pfändung entstehenden (richterlichen) Pfandrecht (§ 371 Abs 1 S 2, Priorität). Das ZbR hat also in dieser Hinsicht ähnliche Wirkungen wie ein dingliches Recht (hier: Pfandrecht).

Beispiel 19:

A hat ein ZbR an einer dem B gehörenden Sache. C, ein Gl des B, erwirkt die Pfändung der Sache. Die Sache wird im Exekutionsverfahren verkauft. A hat gegenüber C den Vorrang bei der Befriedigung, den er mit einer Klage nach § 258 EO (gegen B oder C) geltend machen muss.

Beachte:

Die Regelung bezieht sich ausdrücklich **nur** auf **richterliche Pfandrechte**, die durch Pfändung entstehen. Keinen Vorrang genießt also das ZbR gegenüber einem gesetzlichen Pfandrecht!

b) Durchführung der Verwertung

Wie erfolgt die Verwertung? Es gibt für den Gl zwei Möglichkeiten:

aa) **Vollstreckungsbefriedigung**

In § 371 nicht geregelt, aber von § 371 Abs 3 als selbstverständlich vorausgesetzt. Die Befriedigung erfolgt nach den Regeln über die Exekution (EO). Gl braucht einen vollstreckbaren Titel, dh, im Regelfall muss er klagen, und das zu seinen Gunsten ergangene Leistungsurteil bildet den Exekutionstitel. Die zurückbehaltene Sache wird gepfändet und dann verkauft. Die Vollstreckungsbefriedigung setzt die Fälligkeit der Forderung voraus (sonst erlangt Gl keinen vollstreckbaren Titel!).

bb) **Verkaufsbefriedigung**

Sie erfolgt nach den Regeln über den Pfandverkauf (§ 371 Abs 2, wobei die Frist des § 466b ABGB von einem Monat auf eine Woche verkürzt ist, vgl dazu auch § 368). Anders als beim Pfandrecht braucht Gl aber einen **vollstreckbaren Titel**, den er nach hM auf das Zurückbehaltungsrecht selbst stützen muss (§ 371 Abs 3). **Gl** muss also **gegen Sch** eine **Klage** des Inhalts einbringen, der beklagte Sch habe ihm die Befriedigung aus der zurückbehaltenen Sache wegen seiner (näher zu bezeichnenden) Forderung zu gestatten.

V. Erlöschen des ZbR

1. Erlöschensgründe

Das ZbR erlischt durch:

- Untergang der zurückbehaltenen Sache
- Erlöschen der gesicherten Forderung (zB Erfüllung)
- Sicherheitsleistung des Sch (unten 2.)
- freiwillige Besitzaufgabe durch Gl oder sonstigen Verlust der Verfügungsmacht

2. Sicherheitsleistung durch Sch

Sch kann die Ausübung des ZbR durch Sicherheitsleistung abwenden (§ 369 Abs 4 S 1). Die Sicherheitsleistung durch Bürgen ist ausgeschlossen (§ 369 Abs 4 S 2). Als Sicherheiten, die tatsächlich geleistet und nicht bloß angeboten werden müssen, kommen in Betracht: **Pfand** oder **gerichtliche Hinterlegung** (§ 1425 ABGB). Mit der Sicherheitsleistung erlischt das ZbR.

Zweiter Abschnitt
Warenkauf

A. Begriffsbestimmungen und Anwendungsbereich

1. **Warenkauf** ist der Kaufvertrag über **Waren**, also bewegliche körperliche Sachen. Der Kauf von **Wertpapieren** ist nach § 381 Abs 1 ebenfalls erfasst.

   Mit Ausnahme der §§ 377–379, die nur auf den beiderseitigen Warenkauf anzuwenden sind, gelten die Bestimmungen des 2. Abschnittes auch für den einseitigen Warenkauf (§ 345).

2. **Werkvertrag, Tauschvertrag**: Die Regeln über den Warenkauf gelten nach § 381 Abs 2 auch für Werk- und Tauschverträge über (die Herstellung) körperliche(r) bewegliche(r) Sachen. Durch diese Erweiterung wird ausweislich der Materialien der schon seit längerer Zeit vertretenen analogen Anwendung insb der §§ 377 f auf diese Vertragstypen Rechnung getragen. Auf die zivilrechtliche Einordnung der Verträge ist dies jedoch ohne Einfluss.

B. Gläubigerverzug

Lies zunächst SchR AT 4. Abschnitt C. II.

I. Allgemeines

1. § 373 sieht für den Annahmeverzug Rechtsfolgen vor, die über jene des Bürgerlichen Rechts hinausgehen. Gleichzeitig bleiben die Rechte des Sch nach „anderen Bestimmungen“ unberührt (§ 374).
2. Der Sch hat bereits nach ABGB die Möglichkeit zur gerichtlichen Hinterlegung (§ 1425 ABGB).
3. Zusätzlich schafft § 373 zwei weitere Möglichkeiten für den Verkäufer (= Sch der Sachleistung):
   a) Hinterlegung in einem öffentlichen Lagerhaus (oder sonst in sicherer Weise – § 373 Abs 1)
   b) Selbsthilfeverkauf (öffentliche Versteigerung oder freihändiger Verkauf – § 373 Abs 2–5)

> **Beachte:**
> Diese Rechte bestehen auch beim einseitigen Warenkauf. Auch der Nichtunternehmer kann nach § 373 vorgehen, wenn er einen Unternehmer beliefert und dieser nicht annimmt (selten!).

II. Hinterlegung

1. Ob die Hinterlegung „sicher“ ist, hat der Verkäufer (soweit er Unternehmer ist!) mit der Sorgfalt eines ordentlichen Unternehmers (§ 347) zu prüfen. Er haftet sonst für culpa in eligendo, wobei der Verschuldensmaßstab str ist (hM: leichte Fahrlässigkeit schadet bereits).
2. Der Verkäufer hat den Käufer nach hM unverzüglich von der Hinterlegung zu verständigen.
3. Die Hinterlegung nach § 373 hat anders als die gerichtliche Hinterlegung (§ 1425 ABGB) **keine** Erfüllungswirkung.

III. Selbsthilfeverkauf

1. Voraussetzungen

a) Käufer ist in Annahmeverzug.

b) Vorherige Androhung (§ 373 Abs 2): Sie soll dem säumigen Käufer noch die Möglichkeit zur Annahme verschaffen. Die Androhung kann daher nicht bereits bei Vertragsabschluss (etwa in AGB) erfolgen. *Keine* Androhung erforderlich: bei Gefahr im Verzug, wenn die Ware dem Verderb ausgesetzt ist oder die Androhung sonst untunlich ist (zB der Käufer ist unbekannten Aufenthalts).

2. Arten

a) **Öffentliche Versteigerung**

Regelfall; öffentliche Versteigerung durch einen dazu befugten Unternehmer; anders als beim freihändigen Verkauf (unten b)) können Verkäufer und Käufer mitbieten (§ 373 Abs 4), dazu muss der Käufer von Zeit und Ort der Versteigerung benachrichtigt werden (§ 373 Abs 5).

Beachte:
„Öffentlich" ist eine Versteigerung dann, wenn die Teilnahme daran jeder interessierten Person offensteht. Zeit und Ort der Versteigerung müssen also öffentlich bekannt gemacht werden.

b) **Freihändiger Verkauf**

Bei Waren mit Markt- oder Börsenpreis möglich; der Verkauf hat durch einen zu solchen Verkäufen „befugten Unternehmer", also durch einen Unternehmer, der die öffentlich-rechtliche Befugnis zur Durchführung von Versteigerungen hat (zB Börsesensal), zum laufenden Preis zu erfolgen (vgl Auslegung des Unternehmerbegriffs in § 466b Abs 2 ABGB).

3. Folgen

a) **Folgen des ordnungsgemäß durchgeführten Selbsthilfeverkaufs**

aa) Der Verkauf erfolgt **für Rechnung** des säumigen **Käufers.** Daraus ergibt sich: Wenn der Verkäufer mehr aus dem Verkauf erlöst, als er vom Käufer aufgrund des Kaufvertrages erhalten hätte, so muss er den Mehrerlös an den Käufer herausgeben. Ist der Verkaufserlös geringer als der vereinbarte Kaufpreis, so kann der Verkäufer die Differenz weiterhin vom Käufer verlangen (= teilweise erhalten gebliebener Erfüllungsanspruch).

bb) Der ordnungsgemäß durchgeführte Selbsthilfeverkauf ist (anders als die Hinterlegung – oben II.!)

Erfüllungssurrogat, dh, der Verkäufer erfüllt damit seine Lieferpflicht aus dem Kaufvertrag und hat daher Anspruch auf den Erlös (in vereinbarter Höhe – siehe aa)) zuzüglich allfälliger Ansprüche auf Aufwandersatz.

cc) Vom vollzogenen Verkauf muss der Verkäufer den Käufer unverzüglich benachrichtigen, sonst wird er schadenersatzpflichtig (§ 373 Abs 5).

b) **Folgen des nicht ordnungsgemäß durchgeführten Selbsthilfeverkaufs**

aa) Der Käufer muss den Verkauf nicht für seine Rechnung gelten lassen, va bei nicht erfolgter Androhung oder Benachrichtigung.

bb) Der Verkauf ist nicht Erfüllungssurrogat, dh, der Käufer kann weiterhin auf Lieferung klagen; die durch den Selbsthilfeverkauf bedingte Unmöglichkeit hätte der Verkäufer zu vertreten.

cc) Befindet sich der Käufer gleichzeitig in Schuldnerverzug (Zahlungsverzug), so kann der nicht ordnungsgemäß erfolgte Selbsthilfeverkauf in ein für eigene Rechnung des Verkäufers getätigtes Deckungsgeschäft umgedeutet werden (Konversion).

C. Schadenersatz wegen Nichterfüllung

I. Allgemeines

§ 376 normiert Methoden zur Berechnung des Nichterfüllungsschadens für sämtliche Warenkäufe, die für den Käufer und den Verkäufer gleichermaßen gelten. Bei internationalen Warenkäufen gelangen Art 75, 76 UN-Kaufrecht zur Anwendung. Der Gl hat grundsätzlich ein Wahlrecht zwischen der abstrakten (Abs 1) und konkreten (Abs 2, 3) Schadensberechnung. Grundlage der Berechnung ist der **Markt- oder Börsepreis.** Hat die Ware keinen Markt- oder Börsepreis, kommt nur eine konkrete Berechnung infrage.

II. Die Berechnung

1. Hat die Ware einen Börse- oder Marktpreis, so kann die Differenz zwischen Kaufpreis und Börse- oder Marktpreis zur Zeit und am Orte der geschuldeten Leistung gefordert werden (§ 376 Abs 1: „**abstrakte** Schadensberechnung“).

2. Hat die Ware keinen Markt- oder Börsewert oder wählt der Gl diese Art der Schadensberechnung, so kann ein Deckungskauf vorgenommen werden. Es ist dann die Differenz zwischen dem vereinbarten Kaufpreis und den höheren Kosten des Deckungskaufs maßgeblich (§ 376 Abs 2: „**konkrete** Schadensberechnung“). Dasselbe gilt auch beim Schadenersatz wegen Nichterfüllung einer Geldschuld. In diesem Fall ist der Gl (= Verkäufer) zu einem Deckungsverkauf befugt. Die Schadenersatzhöhe richtet sich dann nach der Differenz zwischen bedungenem Verkaufspreis und dem tatsächlichen Nettoverkaufserlös aus dem Deckungsverkauf. Im Unterschied zum Selbsthilfeverkauf nach § 373 schließt hier der Verkäufer ein Geschäft auf eigene Rechnung. Dies hat zur Folge, dass er den Mehrerlös nicht an den säumigen Sch herausgeben muss, wenn er mit dem Deckungsverkauf einen höheren Erlös als bei korrekter Vertragserfüllung durch den Sch erzielt. Konsequenterweise kann er aber auch dann keinen Schadenersatz vom Sch mehr verlangen. **Aber**: Hat die Ware einen Börse- oder Marktpreis, steht dem Gl die konkrete Schadenberechnung nur dann offen, wenn der Verkauf/Kauf sofort nach dem Ablauf der bedungenen Leistungszeit oder Leistungsfrist bewirkt wird. Außerdem muss der Verkauf/Kauf, wenn er nicht in öffentlicher Versteigerung geschieht, durch einen zu solchen Verkäufen oder Käufen oder zu einer öffentlichen Versteigerung befugten Unternehmer zum laufenden Preis erfolgen (§ 376 Abs 2). Aufgrund der Schadensminderungspflicht muss sich der Gl um den Abschluss eines günstigen Geschäfts bemühen. Beim Verkauf in öffentlicher Versteigerung dürfen Verkäufer und Käufer mitbieten (§ 376 Abs 3 iVm § 373 Abs 4). Von dem Verkauf oder dem Kauf hat der Gl den Sch unverzüglich zu benachrichtigen. Ansonsten ist er zum Schadenersatz verpflichtet.

Beispiel 19a:

Deckungskauf: A (Eigentümer und Betreiber einer Sportsbar) schließt mit B (Elektronikhändler) einen Kaufvertrag über einen Ultra-HD-Flachbildfernseher zum Preis von € 900,- (Marktpreis: € 1.000,-). B gerät mit der Lieferung des TV-Geräts in Verzug. A erklärt unter Setzung einer angemessenen Nachfrist den Rücktritt vom Vertrag (§ 918 ABGB). Die Nachfrist verstreicht ungenützt. A kann nun die Differenz zwischen Markt- und Verkaufspreis (€ 100,-) als Nichterfüllungsschadenersatz verlangen oder unmittelbar nach Ablauf der Nachfrist einen Deckungskauf tätigen. Sollte ein gleichwertiges TV-Gerät € 1.050,- kosten, ist auch hier die Differenz (€ 150,-) zu ersetzen. A trifft jedoch eine Schadensminderungspflicht.

D. Untersuchungs- und Rügeobliegenheit

I. Inhalt und Normzweck

1. Inhalt der §§ 377, 378

Beim beiderseitigen Warenkauf obliegt es dem Käufer, Mängel der Ware, die er bei ordnungsgemäßem Geschäftsgang nach Ablieferung festgestellt hat oder hätte feststellen müssen, binnen angemessener Frist anzuzeigen (§ 377 Abs 1). Versteckte Mängel, die auch bei einer sachgemäßen Untersuchung nicht erkennbar sind, muss der Käufer nach Entdeckung ebenfalls binnen angemessener Frist rügen (§ 377 Abs 3). Unterlässt der Käufer die Anzeige, so kann er Ansprüche auf Gewährleistung (§§ 922 ff ABGB), auf Schadenersatz wegen des Mangels selbst (§ 933a Abs 2 ABGB) sowie aus einem Irrtum über die Mangelfreiheit der Sache (§§ 871 f ABGB) nicht mehr geltend machen. Nur wenn der Käufer beweist, dass der Verkäufer den Mangel vorsätzlich oder grob fahrlässig verursacht oder verschwiegen hat, so kann sich der Verkäufer auf § 377 nicht berufen. Die Rügeobliegenheit gilt nach § 378 auch für die aliud-Lieferung und für Mengenabweichungen, es sei denn, die gelieferte Ware ist „genehmigungsunfähig" (§ 378 letzter HS).

2. Normzweck

a) Die Mängelrüge war und ist rechtspolitisch umstritten. Auf der einen Seite wird ihre Härte für den Käufer kritisiert, auf der anderen Seite besteht aber auch beim Verkäufer ein Bedürfnis nach Rechtsklarheit und -sicherheit. Das UGB versucht einen Mittelweg zu gehen. Die §§ 377, 378 dienen dem Schutz des Verkäufers: Er soll möglichst bald erfahren, ob mit der Ware alles in Ordnung ist, um so weitere Dispositionen treffen zu können (zB er weiß jetzt, dass er über den Kaufpreis verfügen kann).

Beachte:
Dieser Schutz des Verkäufers greift aber nur dann, wenn auch der Käufer Unternehmer ist, die §§ 377, 378 gelten nur für den beiderseitig unternehmensbezogenen Warenkauf, also besteht für den Verbraucher keine Rügeobliegenheit. Ebenso besteht keine Rügeobliegenheit, wenn bei einem der Beteiligten ein Vorbereitungsgeschäft (§ 343 Abs 3) vorliegt.

b) Dazu kommt wie auch bei den kurzen Gewährleistungsfristen des § 933 ABGB der Schutz vor allfälliger Beweisnot: Nach längerer Zeit hat es der Verkäufer erfahrungsgemäß schwerer, die Mangelfreiheit seiner Lieferung zu beweisen.

c) Hat sich der Verkäufer in besonders krasser Weise vertragswidrig verhalten, wie etwa im Fall des vorsätzlichen oder grob fahrlässigen Verursachens oder Verschweigens des Mangels, so besteht keine Rügeobliegenheit.

3. Dispositives Recht

Die §§ 377, 378 sind dispositive Normen, dh sie können vertraglich (grds auch in AGB) abbedungen werden. Des Weiteren ist die verspätete oder gar nicht erfolgte Mängelrüge nicht von Amts wegen, sondern nur bei einredeweiser Geltendmachung durch den Verkäufer zu beachten. Str ist, ob die Vereinbarung einer (unechten) Garantie gleichzeitig die §§ 377, 378 abbedingt. Nach der Rsp hängt diese Frage von der Auslegung der Garantievereinbarung ab, ist aber für den Regelfall („Garantie" als Verlängerung der gesetzlichen Gewährleistungsfrist) zu verneinen. Häufig wird die Mängelrüge durch Vereinbarung näher präzisiert, etwa durch genaue Festlegung einer Rügefrist oder indem für die Rüge die Schriftform vereinbart wird. Zulässig ist nach hM auch der nachträgliche Verzicht auf den Einwand, die Mängelrüge sei gar nicht oder verspätet erfolgt. Dieser Verzicht kann auch konkludent erfolgen, dies wäre etwa anzunehmen, wenn der Verkäufer die Verbesserung von Mängeln zusagt.

II. Anwendungsbereich

1. Beiderseitig unternehmensbezogener Warenkauf

a) **Beiderseitig unternehmensbezogene Geschäfte**

Die §§ 377, 378 gelten nur für beiderseitig unternehmensbezogene Geschäfte.

b) **Unternehmer**

aa) Bei Scheinunternehmern kraft eigenen Verhaltens ist zu differenzieren: Als Käufer müssen sie gegenüber einem gutgläubigen Verkäufer die §§ 377, 378 gegen sich gelten lassen. Als Verkäufer können sie sich nicht auf die Versäumung der Rüge berufen.

bb) Die §§ 377, 378 gelten **nicht** für **einseitig unternehmensbezogene Warenkäufe**. Unbestritten ist dies dann, wenn der Käufer Nichtunternehmer ist. Kauft ein Unternehmer von einem Nichtunternehmer, so ist die Anwendung der §§ 377, 378 str, wird aber von der überwiegenden Meinung abgelehnt.

c) **Kaufvertrag**

aa) Sachlich besteht die Rügeobliegenheit nur beim (beiderseitig) unternehmensbezogenen Warenkauf, also bei einem Kaufvertrag über bewegliche körperliche Sachen (Waren).

bb) Daneben sind noch andere Verträge erfasst, soweit sie beiderseitig unternehmensbezogene Geschäfte sind:

- Wertpapierkauf (§ 381 Abs 1)
- Werkvertrag über die Herstellung körperlicher beweglicher Sachen (§ 381 Abs 2)
- Tauschverträge über körperliche bewegliche Sachen (§ 381 Abs 2)
- Kommissionsgeschäft bei der Einkaufskommission (§ 391)

cc) **Nicht** anwendbar sind die §§ 377, 378 auf Kaufverträge über unbewegliche Sachen, Unternehmenskaufverträge und Mietverträge, also etwa auch nicht beim **Leasing** – nicht verwechseln mit der Rügeobliegenheit des Leasinggebers gegenüber seinem Lieferanten! – unten III. 4. b).

2. Ablieferung einer mangelhaften Ware

Die §§ 377, 378 setzen voraus, dass die Ware geliefert worden ist und Mängel aufweist.

a) **Ablieferung**

Die Ware muss abgeliefert worden sein, bei Nichtlieferung (Verzug, Unmöglichkeit) besteht keine Rügeobliegenheit. Ablieferung bedeutet, dass die Ware so in den Machtbereich des Käufers gelangt, dass er die Untersuchung durchführen kann.

Beispiele:
Ablieferung in einem Speditionslager oder in einer Niederlassung des Käufers.

b) **Mangel**

aa) Sachmangel

Eine Rügeobliegenheit besteht nur für Sachmängel, nicht für Rechtsmängel. Bei Viehmängeln, für die eine Vermutungsfrist nach § 925 ABGB besteht, gilt § 377 nicht (§ 377 Abs 5).

bb) aliud

aaa) § 377 gilt nach § 378 1. HS auch bei der aliud-Lieferung und bei Mengenabweichungen (Quantitätsmängeln), es sei denn, die gelieferte Ware weicht offensichtlich von der Bestellung so erheblich ab, dass der Verkäufer die Genehmigung des Käufers als ausgeschlossen betrachten musste (= genehmigungsunfähige Lieferung, § 378 2. HS).

bbb) § 378 hat jedenfalls einen Teil des Schrifttums im Bürgerlichen Recht dazu bewogen, die (logisch ohnehin nicht mögliche) Abgrenzung zwischen der mangelhaften Lieferung (Schlechtlieferung, peius-Lieferung) und der Lieferung einer anderen Sache (Falschlieferung, aliud-Lieferung) aufzugeben und nur mehr zwischen der genehmigungsfähigen und der genehmigungsunfähigen Lieferung zu unterscheiden, womit ein Gleichklang mit der Rügeobliegenheit des Unternehmensrechts hergestellt ist: Bei genehmigungsfähiger Lieferung gilt Gewährleistungsrecht. Ist die Lieferung nicht genehmigungsfähig, so greifen die Regeln über die Nichterfüllung (Verzug, Unmöglichkeit). Dies entspricht aber nicht der stRsp und hM, die auf die vorbehaltlose Annahme abstellen.

ccc) Die Entwicklung im Bürgerlichen Recht wiederum hat im Unternehmensrecht dazu geführt, dass die Grenze der Genehmigungsfähigkeit in § 378 auch analog für Qualitätsmängel gilt (anders in Deutschland!):

- genehmigungsfähige Lieferung (Qualitätsmangel, Mengenabweichung, aliud): Rügeobliegenheit
- *nicht* genehmigungsfähige Lieferung (Qualitätsmangel, Mengenabweichung, aliud): *keine* Rügeobliegenheit

Daraus ergibt sich folgendes Bild:

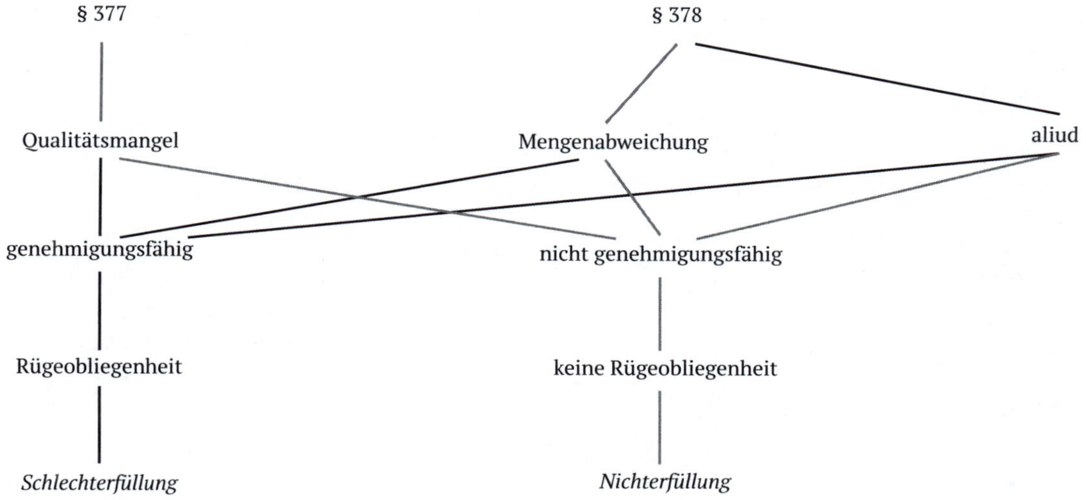

cc) Genehmigungsfähigkeit

An die Genehmigungsunfähigkeit ist ein strenger Maßstab anzulegen, es handelt sich um einen absoluten Ausnahmefall. § 378 2. HS ist daher nach hM eng auszulegen: Die Abweichung der gelieferten von der bestellten Ware muss so krass sein, dass bei vernünftiger Betrachtung ein Unternehmer mit dieser Ware die Erfüllung des Vertrages nicht versuchen würde, dass also die Genehmigung der Abweichung durch den Käufer für den Verkäufer „vernünftigerweise als schlechthin ausgeschlossen erscheinen muss“ (BGH).

Fälle aus der Rsp:

- genehmigungsfähig: Brennholz statt Grubenholz; Ölherd einer anderen Type als der bestellten; Mandelbruch statt blanchierter Mandeln; Tafelöl statt Sonnenblumenöl;
- *nicht* genehmigungsfähig: Lieferung eines gesundheitsschädlichen statt eines ungefährlichen Einreibemittels; Pfeffer mit 50 % Kokosschalenbeimischung, sodass der Pfeffer nicht mehr verkauft werden kann.

3. Vorsätzlich bzw grob fahrlässiges Verursachen/Verschweigen

a) Wenn der Käufer beweist, dass der Verkäufer den Mangel vorsätzlich oder grob fahrlässig verursacht oder verschwiegen hat, so kann sich der Verkäufer auf § 377 nicht berufen (§ 377 Abs 5). Ob der Käufer bei der Verletzung der Rügeobliegenheit selbst schuldhaft gehandelt hat, spielt dabei keine Rolle.

b) Das Verursachen/Verschweigen des Verkäufers muss anders als nach § 870 ABGB weder kausal für den Kaufentschluss oder gar für die Unterlassung der Untersuchung und Rüge sein. Maßgeblicher Zeitpunkt ist wie bei der Gewährleistung die Ablieferung der Ware.

c) Die Beweislast liegt beim Käufer.

III. Inhalt der Untersuchungs- und Rügeobliegenheit

1. Systematik des § 377

Nach § 377 treffen den Käufer **zwei Obliegenheiten**:

- Untersuchung der Ware
- Rüge der bei der Untersuchung entdeckten Mängel

2. Verhältnis von Untersuchung und Rüge

Die Untersuchung ist die „Vorstufe" zur Rüge, es handelt sich um eine „vorbereitende" Obliegenheit oder „Kettenobliegenheit". Das heißt:

- Die Verletzung der Untersuchungsobliegenheit durch den Käufer bewirkt noch nicht die Sanktion des § 377 Abs 2 bzw 3.
- Die Genehmigungsfiktion greift erst bei nicht rechtzeitiger Mängelrüge.

Beachte:
Der Gesetzgeber geht für den Regelfall wohl zutreffend davon aus, dass dem Käufer eine Mängelrüge rein faktisch nur möglich sein wird, wenn er vorher die Ware untersucht. Auf die Untersuchung kommt es aber nicht an, entscheidend für die Genehmigungsfiktion ist allein die Unterlassung oder Verspätung der Rüge: Wenn der Käufer vom Mangel ohne Untersuchung auf andere Weise (etwa von einem Dritten) erfährt und rechtzeitig rügt, so wahrt er damit seine Rechte.

Die Rechtzeitigkeit der Mängelrüge beurteilt sich daher im Regelfall nach der Zeit, die für eine sachgemäße und rechtzeitig vorgenommene Untersuchung erforderlich ist (Untersuchungsfrist), verlängert um die Mängelanzeigefrist, in welcher der Käufer die Mängel tatsächlich anzeigen muss. Untersuchungs- und Mängelanzeigefrist ergeben zusammen die Rügegesamtfrist.

3. Untersuchung und Art des Mangels

Zur Beantwortung der Frage, ob überhaupt eine Untersuchung der Ware notwendig ist und welche Zeit für diese Untersuchung und damit für die Rüge übrig bleibt, ist je nach Art der Mängel zu differenzieren:

a) **Versteckte Mängel**

Mängel, die trotz sachgemäßer Untersuchung nicht erkennbar sind („versteckte" Mängel), müssen erst nach Entdeckung binnen angemessener Frist gerügt werden (§ 377 Abs 3).

Beachte:
Der Zeitpunkt der Entdeckung liegt also nach der Ablieferung, muss aber (jedenfalls für Gewährleistungsansprüche) noch innerhalb der Gewährleistungsfrist des § 933 ABGB liegen. Diese Frist beginnt nämlich nach der Rsp jedenfalls mit der Ablieferung zu laufen.

Wann sind Mängel versteckt? Sie können bei einer binnen angemessener Frist nach Ablieferung bei ordentlichem Geschäftsgang durchgeführten Untersuchung nicht entdeckt werden **und** (!) werden dem Käufer auch nicht sonst bekannt (hier müsste er sofort ab Kenntnis rügen!).

Beispiele:
Für die Feststellung eines Mangels müsste der Motor des Fahrzeugs zerlegt werden. Mängel einer Maschine zeigen sich erst bei der Serienproduktion mithilfe dieser Maschine. Beachte: Der Käufer ist als Unternehmer Sachverständiger!

b) Offene Mängel

Alle nicht versteckten Mängel sind offene. Für Zwecke des § 377 muss noch einmal differenziert werden:

aa) *Offene Mängel ieS*

Sie können bei ordnungsgemäßem Geschäftsgang nach Ablieferung durch Untersuchung festgestellt werden oder hätten festgestellt werden müssen und müssen binnen angemessener Frist nach (Untersuchung und) ihrer Entdeckung gerügt werden (= der Ausgangsfall des § 377 Abs 1).

bb) *Offenkundige Mängel* (iSd § 928 ABGB)

„In die Augen fallende Mängel" sind bei ordnungsgemäßem Geschäftsgang nach Ablieferung sofort erkennbar und müssen sodann binnen angemessener Frist gerügt werden.

4. Zeitpunkt der Untersuchung

a) Ablieferung

Die Untersuchung hat nach der Ablieferung zu erfolgen. Abgeliefert ist die Ware, sobald der Käufer die faktische Möglichkeit zur Untersuchung hat.

Beispiel 20:
A kauft von B Damenbekleidung. Die Lager des A sind voll, daher lagert er die nun gekauften Stücke vorübergehend beim Spediteur C ein. Der OGH bejaht die Ablieferung mit der Einlagerung beim Spediteur, weil für A bereits damit die Untersuchung möglich ist.

Beispiel 21:
C kauft von D eine Maschine. Muss C mit Ablieferung der in Kartons verpackten Einzelteile durch den Frächter X oder erst dann untersuchen, wenn die Maschine montiert ist (= „Ablieferung")? Sollte D (wie im Regelfall) auch zur Montage verpflichtet sein, so wird erst dann Ablieferung vorliegen, wenn die Maschine betriebsfähig montiert ist. Etwas anderes könnte gelten, wenn der Käufer C selbst zur Montage verpflichtet ist.

b) Die Rügeobliegenheit des Zwischenhändlers

aa) Problemstellung

aaa) Eine Ware durchläuft im Regelfall mehrere Wirtschaftsstufen. Der einfachste Fall ist der, dass die Ware vom Produzenten P über den Händler H an den Verbraucher V gelangt. Mängel der Ware zeigen sich meist erst beim V, weil dieser die Ware verwendet, H dagegen nur die Weiterveräußerung im Sinn hat.

Beispiel 22:

P stellt Konservendosen mit Tomatensugo her und verkauft 200 Dosen an den Lebensmittelhändler H. Die Hausfrau V kauft eine dieser Dosen. Als sie zuhause die Dose öffnet, um Spaghetti zu kochen, strömt ihr ein fauliger Geruch entgegen. Das Sugo ist verdorben und unbrauchbar.

Das besondere Problem in diesem Beispiel ist unschwer erkennbar: V ist nicht Unternehmerin, und daher trifft sie keine Untersuchungs- und Rügeobliegenheit. Trifft den H dennoch eine Rügeobliegenheit? Die Frage ist für H überaus wichtig: Er ist Gewährleistungsansprüchen der V ausgesetzt. Ob er selbst ebenfalls Ansprüche gegen P hat, hängt nach § 377 davon ab, ob er den Mangel binnen angemessener Frist rügt. H kann aber erst rügen, wenn er vom Mangel durch die V Kenntnis erlangt.

bbb) Aber auch unter Unternehmern kann sich das Problem stellen, wie unser Fall etwas abgewandelt zeigt:

Beispiel 23:

P verkauft die Konservendosen nicht direkt an H, sondern zunächst an den Großhändler G. Dieser verkauft und liefert sie sogleich weiter an H. Sowohl im Verhältnis P–G wie auch im Verhältnis G–H ist § 377 anwendbar, es trifft also den G eine Rügeobliegenheit gegenüber P, den H eine solche gegenüber G. Hat es für die Rüge des G, insb ihre Rechtzeitigkeit, nun eine Bedeutung, dass er die Ware an H weiterverkauft?

ccc) Dasselbe Problem wie bei der Weiterveräußerung originalverpackter Ware zeigt sich bei der Durchlieferung, sachenrechtlich sprechen wir vom Streckengeschäft (SaR BT 1. Abschnitt C. II. 3.):

Beispiel 24:

A kauft eine Maschine bei B. B bezieht diese Maschine seinerseits von C und weist diesen an, die Maschine direkt an A zu liefern und dort zu montieren. B kann nicht selbst die Maschine untersuchen, weil sie nicht an ihn geliefert wird. Für die Rügeobliegenheit des B wird diese besondere Form der Lieferung, aber auch wiederum die Frage von Bedeutung sein, ob der Kauf für A ein Warenkauf und damit im Verhältnis zwischen A und B § 377 anwendbar ist.

bb) *Lösung*

Für die Rügeobliegenheit des Zwischenhändlers ist nach hM zu § 377 HGB von folgenden Grundsätzen auszugehen:

aaa) *Weiterveräußerung originalverpackter Ware* (Beispiele 22 und 23)

Grundsätzlich hat der Zwischenhändler dadurch nicht länger Zeit für die Rüge. Im Regelfall (das hängt natürlich von der Art der Waren ab) ist der Zwischenhändler zu Stichproben verpflichtet. Stellt er dabei keine Mängel fest, kann er davon ausgehen, dass die Lieferung mangelfrei ist. Wenn dann dennoch Mängelrügen von seinem Abnehmer eintreffen, muss er sie an seinen Lieferanten binnen angemessener Frist weiterleiten und hat damit rechtzeitig gerügt. Hat der Zwischenhändler keine (oder nicht sachgerechte) Stichproben gemacht, so kann die rechtzeitige Rüge durch den Abnehmer an den Zwischenhändler auch als Rüge dieses Zwischenhändlers gegenüber seinem Lieferanten noch rechtzeitig sein, wenn er sie binnen angemessener Frist weiterleitet. Das hängt davon ab, ob der Lieferant von der Weiterveräußerung weiß bzw diese seiner Vereinbarung mit dem Zwischenhändler entspricht. In diesen Fällen muss sich der Lieferant darauf einstellen, dass sich durch die Weiterveräußerung eine gewisse Verzögerung bedingt durch die Weiterleitung der Rüge ergeben kann.

Im obigen Beispiel 23 wäre daher wohl im Regelfall (wenn man annimmt, dass dem P die Weiterveräußerung der Waren von G an H bekannt ist) die Rüge des G rechtzeitig, wenn er die an ihn gerichtete Rüge des H binnen angemessener Frist weiterleitet (für Beispiel 22 siehe unten ccc)).

bbb) *Durchlieferung* (Beispiel 24)

Bei der Durchlieferung weiß der Lieferant, dass sein Vertragspartner die Ware gar nicht (selbst) untersuchen kann, weil sie gleich an den Abnehmer des Zwischenhändlers gelangt. Auf diese Besonderheit muss sich der Lieferant einstellen. Wenn daher der Abnehmer die Ware nach Ablieferung untersucht, den Mangel binnen angemessener Frist gegenüber dem Zwischenhändler rügt und der Zwischenhändler sodann diese Rüge binnen angemessener Frist an den Lieferanten weitergibt, so ist die Rüge auch im Verhältnis Zwischenhändler–Lieferant rechtzeitig.

Für B im obigen Beispiel 24 kommt es also darauf an, ob A ihm gegenüber rechtzeitig rügt. Er muss dann diese Rüge binnen angemessener Frist an C weiterleiten (zum Fall, dass A kein Unternehmer ist, sogleich ccc)).

ccc) *Zweitkäufer Verbraucher* (Beispiele 22 und 24)

- Besondere Probleme entstehen, wenn § 377 nur auf einen der Kaufverträge anwendbar ist (wie im obigen Beispiel 22 und im Beispiel 24, wenn A also kein Unternehmer ist): Im Beispiel 22 trifft nur H im Verhältnis zu P eine Untersuchungs- und Rügeobliegenheit, nicht aber V gegenüber H. Sollte A im Beispiel 24 kein Unternehmer sein, so ist § 377 zwar im Verhältnis B–C, nicht aber zulasten des A gegen B anwendbar.
- Nach der Rsp **ändert** diese besondere Konstellation **nichts** an den dargelegten Grundsätzen: Ob überhaupt eine Verlängerung der Untersuchungs- und Rügefrist zugunsten des Zwischenhändlers Platz greift, ist danach zu beurteilen, ob dem **Lieferanten** die **Weiterveräußerung bekannt** war bzw ob die Untersuchung durch den Abnehmer des Zwischenhändlers vereinbart ist. Bei der Durchlieferung ist dies wie gezeigt zu bejahen. Nicht entscheidend ist dagegen, ob der Abnehmer Unternehmer ist oder nicht. Daher ist es Sache des Zwischenhändlers, für eine rechtzeitige Untersuchung durch den bzw beim (nicht unternehmerischen) Abnehmer zu sorgen und dann die Rüge rechtzeitig an seinen Lieferanten weiterzuleiten.
- Dieselben Grundsätze gelten beim **Leasing**.

c) **Dauer der Untersuchungsfrist**

aa) Für die im Einzelfall zu beurteilende noch zulässige Dauer der Frist stellt § 377 auf den ordnungsgemäßen Geschäftsgang ab. Nach der (wohl weitergeltenden) Rsp zu § 377 HGB hatte der Käufer die Ware aber auch sachgemäß zu untersuchen. Diese beiden Kriterien spiegeln die Interessen der beteiligten Parteien wider, welche sich wie folgt zusammenfassen lassen:

- nach ordnungsgemäßem Geschäftsgang – der Verkäufer hat ein Interesse daran, dass er möglichst schnell von den Mängeln erfährt;
- sachgemäß – der Käufer hat Interesse daran, dass ihm ausreichend Zeit bleibt, damit er Mängel auch wirklich entdecken kann; die Anforderungen an eine ordnungsgemäße Untersuchung dürfen jedoch nicht unzumutbar hoch gespannt werden.

bb) Beispiele möglicher Kriterien für eine sachgemäße Untersuchung:

- Grundsätzlich ist es Sache des Käufers, seinen Geschäftsbetrieb so zu organisieren, dass er seiner Untersuchungsobliegenheit nachkommen kann. Wird die Ware etwa in der Hauptniederlassung des Käufers abgeliefert und dann an die Zweigniederlassungen weitergeleitet, so hat die Untersuchung bereits in der Hauptniederlassung zu erfolgen (vgl auch das obige Beispiel 20 zum Speditionslager).
- Wie die Untersuchung zu erfolgen hat, hängt von den Umständen des Einzelfalls, wie etwa von der Art der Ware oder einem entsprechenden Brauch im Geschäftsverkehr ab. Es kann

geboten sein, Sachverständige beizuziehen, wenn dem Käufer eine andere Untersuchungsmöglichkeit nicht gegeben ist. Bei größeren Warenmengen reichen idR **Stichproben**. Für den Umfang dieser Proben ist zu beachten, dass dem Käufer die Zerstörung einer größeren Menge von Einzelstücken nicht zumutbar ist (zB Öffnen von Konservendosen). Bei Lieferung von Maschinen oder sonstigen technischen Geräten ist regelmäßig die probeweise Fertigung von Stücken, die mit der Maschine hergestellt werden sollen, unter ähnlichen Bedingungen wie bei der späteren Serienproduktion vonnöten (**Probebetrieb**).

5. Rüge

a) Rüge und Genehmigungsfiktion

aa) Der Käufer muss die Rüge binnen angemessener Frist nach Feststellung des Mangels bzw ab dem Zeitpunkt, in dem er den Mangel hätte feststellen müssen, erheben.

Wiederhole:

Nur bei offenen Mängeln führt bereits die Untersuchung zur Entdeckung des Mangels oder hätte dazu führen müssen. Ab diesem Zeitpunkt beginnt die Frist für die Rüge (§ 377 Abs 1). Versteckte Mängel werden erst später entdeckt, ab der Entdeckung beginnt wieder die Rügefrist (§ 377 Abs 3). Nur bei offenkundigen Mängeln beginnt die Frist mit der Ablieferung.

bb) Erhebt der Käufer die Rüge nicht innerhalb der dafür vorgesehenen Frist (dazu unten d)), so führt diese Obliegenheitsverletzung zur Genehmigungsfiktion des § 377 Abs 2 bzw Abs 3 letzter HS (unten IV.).

b) Form und Inhalt der Mängelrüge

aa) Die Rüge ist keine Willenserklärung, sondern eine Vorstellungsmitteilung (Wissenserklärung).

bb) Die Rüge ist formfrei, es reicht auch eine mündliche (zB telefonische) Erklärung. Für Beweiszwecke empfiehlt sich für den Käufer ein eingeschriebener Brief. Die Mängelrüge ist auch konkludent möglich, zB Rücksendung der Ware, Verlangen von Austausch/Verbesserung oder Klage auf Rückzahlung des Kaufpreises. Lies auch Art 39 UN-Kaufrecht.

cc) Die Rüge muss hinreichend **substanziiert** sein, sie muss also nach stRsp mindestens folgende Gesichtspunkte enthalten:

- Welche Ware ist mangelhaft? (ZB welche Lieferung, welche Produktserie?)
- Worin besteht der Mangel? (Einzelheiten nicht erforderlich)

Eine „Globalrüge" (zB „Alle etwaigen Mängel werden gerügt") ist nicht ausreichend. Dies soll den Verkäufer davor schützen, dass der Käufer nach einer sehr allgemein gehaltenen ersten Rüge später andere Mängel „nachschiebt".

dd) Abzugeben hat die Rüge der Käufer selbst oder sein Vertreter, sofern die Mängelrüge von dessen Vertretungsmacht gedeckt ist (Prokurist, Generalhandlungsbevollmächtigter, Vollmacht für Kaufverträge). Adressat der Mängelrüge ist der Verkäufer oder wiederum sein Vertreter, wobei zu beachten ist, dass für die Empfangnahme von Erklärungen zT andere Grundsätze als für die Abgabe gelten (sog „passive" Vertretung, insbesondere bedeutsam etwa bei [organschaftlicher] Gesamtvertretung: vgl zB UR I 6. Abschnitt B. IV. [Gesamtprokura]).

c) Absendung ausreichend

Zur Erhaltung der Rechte des Käufers reicht die rechtzeitige Absendung der Mängelrüge (§ 377 Abs 4 S 1). Dies gilt auch dann, wenn die Anzeige dem Verkäufer nicht zugeht (§ 377 Abs 4 S 2).

Beispiel 25:

Der Schlosser A kauft beim Hersteller B Formrohre. Die Rohre werden auch geliefert, aber A zahlt nicht. Gegen die Kaufpreisklage des B wendet A Mängel der Rohre ein. Diese habe er auch gleich am Tag nach der Ablieferung in einem eingeschriebenen Brief an B gerügt. Die Existenz dieses Schreibens lässt sich durch Zeugenaussagen belegen, die Durchschrift samt Aufgabebestätigung der Post ist allerdings abhandengekommen.

- *Der Verkäufer trägt die Gefahr, dass eine ordnungsgemäß abgesendete Rüge auch bei ihm (unverspätet) ankommt (Verlust- und Verspätungsrisiko). Die Rüge ist also nicht empfangsbedürftig. Auch darin zeigt sich eine klarstellende Milderung der Gefahren aus der Rügeobliegenheit für den Käufer. Im Beispiel 25 hätte A seine Rechte gewahrt (lies dazu auch Art 27 UN-Kaufrecht).*

d) Rügefrist

Die Rügefrist ist im Gesetz nicht festgelegt und hängt ganz wesentlich von den Umständen des Einzelfalles ab. Die Frist kann zwischen Verkäufer und Käufer vereinbart sein, sonst richtet sich die Frist für die (zeitlich nachfolgende) Rüge bei jenen Mängeln, die durch eine Untersuchung der Ware entdeckt werden bzw hätten entdeckt werden müssen, nach der notwendigen Zeit für die bei ordnungsgemäßem Geschäftsgang nach Ablieferung durchgeführte Untersuchung (oben 4. C)) sowie der angemessenen Frist, binnen der die so festgestellten Mängel angezeigt werden müssen.

- Nach den Materialien zum UGB orientiert sich § 377 an Art 39 Abs 1 UN-Kaufrecht. Die Frist für die Erhebung der Mangelrüge (bisher: unverzüglich) wird dadurch entschärft. Die Rechtsprechung zu Art 39 erachtet im Zweifel eine Frist von 14 Tagen als noch angemessen (vgl JBl 1999, 318; IHR 2001, 81). Das sollte aber anders als noch im Ministerialentwurf nicht ins Gesetz aufgenommen werden. Grund dafür ist, dass sich die Bestimmung künftig an jeden Unternehmer unabhängig von seiner Größe, seiner Eintragung ins Firmenbuch oder einer besonderen Geschäftserfahrung im Bereich des Warenhandels richtet, sodass für die Beachtung der Umstände des Einzelfalles genügend Raum bleiben sollte.

e) Beweislast

Die Beweislast dafür, dass die Mängelrüge erhoben und auch rechtzeitig ist, trägt der Käufer (zur Empfangsbedürftigkeit siehe bereits oben c)). Bei versteckten Mängeln muss der Käufer auch die „Verstecktheit" beweisen, also dass die Mängel bei sachgemäßer Untersuchung nicht erkennbar waren bzw hätten erkannt werden müssen.

IV. Folgen der Rügeversäumnis

Rechtsfolge einer nicht oder zu spät erfolgten Rüge ist, dass die Ware als genehmigt gilt (§ 377 Abs 2 und 3: *fingierte Willenserklärung*!). Man spricht von der sogenannten **Genehmigungsfiktion.** Das bedeutet:

Der Käufer verliert nach ausdrücklicher Klarstellung im Gesetz **alle Rechte, die ihm nach Bürgerlichem Recht aus einer mangelhaften Lieferung zustünden**; das sind:

- Gewährleistung (§§ 922 ff ABGB); hiervon sind sämtliche Rechte betroffen, die sonst nach § 932 ABGB erhoben werden könnten.

Beachte:

Anerkennt man mit der hA eine Konkurrenz zwischen Gewährleistung und laesio enormis, so sind auch die Rechte aus Verkürzung über die Hälfte bei Rügeversäumnis ausgeschlossen. Dies ergibt sich aus der grundsätzlichen Wertung des UGB, dass nur die Rechte auf Ersatz von Folgeschäden und Ansprüche aus anderen vertraglichen Anspruchsgrundlagen unberührt bleiben sollen.

- Schadenersatz wegen des Mangels selbst (Schadenersatz statt Gewährleistung, § 933a Abs 2 ABGB), nicht aber der Regressanspruch nach § 12 PHG.
- Irrtum über die Mangelfreiheit der Ware (§§ 871 f ABGB)

Ausdrücklich (nach den Materialien) nicht erfasst sind:

- Ersatz des Mangelfolgeschadens (Grund: Dem Gl können unabsehbare, uU existenzbedrohende Nachteile drohen, was eine unangemessene Sanktion für die Fristversäumnis darstellen würde.)
- Deliktische Schadenersatzansprüche durch die Unterlassung der Anzeige

V. Sonderfälle des § 378

1. Die offene Minderlieferung

Es stellt sich die Frage, ob der Käufer bei Versäumung der Rüge einer genehmigungsfähigen minus-Lieferung (= Lieferung einer geringeren Menge als vereinbart) wirklich immer den vereinbarten (höheren) Preis bezahlen muss, wie es der Genehmigungsfiktion entsprechen würde.

> ***Beispiel 26:***
> *Der Bäckermeister A kauft beim Müller B 100 Säcke Mehl.*
>
> *a) B liefert 90 Säcke, auf dem Lieferschein sind 100 Säcke ausgewiesen.*
>
> *b) wie a), nur sind auch auf dem Lieferschein 90 Säcke ausgewiesen. Weiters findet sich auf dem Lieferschein folgender Vermerk: „Aufgrund von Maschinenproblemen ist derzeit ein Lieferengpass aufgetreten. Wir bitten dies zu entschuldigen und verrechnen natürlich nur die gelieferte Menge."*
>
> *A reagiert in beiden Fällen nicht auf die Minderlieferung.*

a) Im Regelfall führt die Genehmigungsfiktion des § 377 Abs 2 bzw 3 iVm § 378 1. HS dazu, dass der Käufer nur die geringere Menge bekommt und seinen Anspruch auf Nachlieferung der Differenz verliert (oben IV.). Gleichzeitig muss der Käufer den Preis für die vereinbarte größere Menge bezahlen – **Lösung Beispiel 26 a).**

b) Wenn dagegen die **Abweichung** vom Verkäufer **offen deklariert** wird, indem auf dem Lieferschein oder der Rechnung nur die Mindermenge ausgewiesen ist und danach auch der Preis berechnet wird, so ist dieses Verhalten des Verkäufers als (neues) Angebot dahingehend zu deuten, er wolle nur die Mindermenge liefern. Die §§ 377, 378 sind für diesen Fall (auf der Rechtsfolgenseite) teleologisch zu reduzieren: Versäumt der Käufer die Rüge, so führt die Genehmigungsfiktion dazu, dass der Käufer zwar keinen Anspruch auf Nachlieferung hat, gleichzeitig aber auch nur den Preis für die Mindermenge bezahlen muss; die Genehmigungsfiktion wirkt also wie die Annahme des neuen Verkäuferangebotes durch den Käufer – **Lösung Beispiel 26 b).**

2. Mehrlieferung/höherwertiges aliud

a) Bei aliud-Lieferung und Mengenabweichung stellt sich die Frage, ob die §§ 377, 378 anwendbar sind, wenn das aliud verglichen mit der vereinbarten Ware höherwertig ist oder wenn mehr geliefert wird, als vereinbart wurde (Mehrlieferung oder Plus-Lieferung). Die Genehmigungsfiktion des § 377 Abs 2 bzw 3 (Genehmigungsfähigkeit nach § 378 vorausgesetzt!) würde ja dazu führen, dass der Käufer etwas Wertvolleres bzw mehr bekommt und nur den vereinbarten (niedrigeren!) Preis bezahlen müsste. Das kann nicht der Sinn dieser Bestimmung sein, denn das würde für den Käufer im Regelfall keine Sanktion für die Unterlassung der Rüge bedeuten, sondern ihm im Gegenteil einen Vorteil verschaffen – es kommt sogar der Verdacht einer ungerechtfertigten Bereicherung auf.

b) Die Lösung dieser Probleme ist überaus str, es lässt sich aber folgende hM bilden:

aa) Jedenfalls immer zu beachten ist § 378 2. HS (Genehmigungsfähigkeit!).

bb) Lieferung eines höherwertigen aliud

aaa) Gattungskauf

Beispiel 27:
Das Einrichtungshaus E kauft beim Großtischler G 27 Schreibtische der Type X. Die Schreibtische sind zum Weiterverkauf bestimmt. G liefert versehentlich Schreibtische der Type Y. Die Type Y ist anders als die Type X aus Vollholz gefertigt und somit wesentlich teurer. E reagiert nicht auf die falsche Lieferung.

Lösung:

§§ 377, 378 sind nicht anwendbar; bereicherungsrechtliche Rückabwicklung zwischen Verkäufer und Käufer (im Regelfall: § 1431 ABGB).

bbb) Spezieskauf

Beispiel 28:
Das uns schon aus Beispiel 27 bekannte Einrichtungshaus E kauft vom Antiquitätenhändler F einen Jugendstilsekretär, um ihn als Ausstellungsstück zu verwenden. Der Sekretär passt besonders gut zu den sonstigen Elementen der Schaufenstergestaltung bei E. F liefert nicht den vereinbarten, sondern einen zwar wertvolleren, aber für die Zwecke des E nicht passenden Sekretär. E rügt die Abweichung nicht.

Lösung:

Hier kann – wie das Beispiel 28 zeigt – die Abweichung für den Käufer sehr wohl ein Nachteil („Mangel“) sein, wenn er gerade das vereinbarte Stück haben will und ihm mit dem gelieferten aliud nicht gedient ist, daher sind die §§ 377, 378 anwendbar. E müsste daher im Beispiel 28 den Mangel rügen.

cc) Mehrlieferung

aaa) Die Mehrlieferung ist ausscheidbar, aber nicht offen deklariert.

Beispiel 29:
Wie Beispiel 26, nur liefert B statt der vereinbarten 100 Säcke Mehl 110 Säcke; der Lieferschein weist 100 Säcke aus.

Lösung:

§§ 377, 378 sind nicht anwendbar. Der Verkäufer kann das zu viel Gelieferte nach Bereicherungsrecht zurückverlangen – also dieselbe Lösung wie oben bb) aaa) beim höherwertigen aliud im Gattungskauf.

bbb) Eine ausscheidbare Mehrlieferung ist offen deklariert.

Beispiel 30:
Wie Beispiel 29, nur scheinen im Lieferschein 110 Säcke ohne weiteren Vermerk auf. A und B stehen in ständiger Geschäftsverbindung.

Lösung:

In der Offenlegung der Mehrlieferung durch den Verkäufer kann im Einzelfall ein konkludentes Anbot des Verkäufers auf Vertragsänderung gesehen werden, das vom Käufer durch Stillschweigen (= Unterlassung der „Rüge“) angenommen wird (vgl die Parallelen zur Mindermenge oben 1. und zu Beispiel 26 b)). Es gilt aber der strenge Maßstab des § 863 ABGB, insb die Untätigkeit des Käufers wird man daher nur in Ausnahmefällen als Annahme werten können. Im Beispiel 30 könnte für eine Antwortpflicht des A die ständige Geschäftsverbindung mit B sprechen (siehe schon oben Beispiel 8). Zusammen mit dem offenen Ausweis der Mehrlieferung würde dies folgende Lösung bedingen: Wenn A nicht antwortet, ist ein neuer Vertrag über 110 Säcke zustande gekommen. A darf die 110 Säcke behalten, muss aber auch 110 statt der ursprünglich vereinbarten 100 Säcke bezahlen.

ccc) Die Mehrlieferung ist nicht oder nur schwer ausscheidbar.

Beispiel 31:

Der Baumarkt C kauft beim Holzhändler D 300 Laufmeter Bretter Breite 100 mm/Stärke 18 mm. D liefert 300 Laufmeter zu Breite 120/Stärke 24 mm. C rügt die Mehrlieferung nicht. Schwer ausscheidbar ist die Mehrlieferung im Unterschied zu den vorhergehenden Beispielen deshalb, weil man ja die Bretter in der Breite und Stärke zurechtschneiden müsste, der Verschnitt wäre in aller Regel Abfall!

Lösung:

Wegen der fehlenden Ausscheidbarkeit wird die Lieferung für den Käufer meist unbrauchbar sein, daher gleichzeitig eine mangelhafte Lieferung vorliegen. §§ 377, 378 wären dann anwendbar. C müsste daher in Beispiel 31 binnen angemessener Frist ab Ablieferung den wohl offenkundigen Mangel rügen.

Versäumt C die Rüge, so muss er die Bretter zu 120/24 mm behalten und den vereinbarten Preis (für die Bretter 100/18 mm) bezahlen. Wenn man davon ausgeht, dass die gelieferten Bretter 120/24 mm teurer sind, so wäre C bereichert (beachte: Das muss nicht immer so sein!): Da es sich bei C um einen Baumarkt handelt, ist uU (zB weil es sich ebenso um eine gängige Dimension handelt) davon auszugehen, dass er die gelieferten Bretter auch verkaufen kann. Die dadurch bedingte Bereicherung des C kann hier (wegen der Nicht-Ausscheidbarkeit des Mehr) nur durch Wertersatz ausgeglichen werden. Das wird im Ergebnis heißen, dass C zum einen wegen § 377 Abs 2 bzw 3 (Genehmigungsfiktion!) den vereinbarten Preis für die Bretter 100/18 und zum anderen den Aufpreis für die Bretter 120/24 – somit insgesamt den Preis für die teureren Bretter – bezahlen muss.

Wichtig ist dabei die Begründung: Allein aus § 378 kann man nicht begründen, warum C den Preis für die teureren Bretter bezahlen muss. § 378 ist ja für den Fall, dass etwas Wertvolleres geliefert wird, gar nicht gedacht. Den Aufpreis bekommt D nur über den *bereicherungsrechtlichen Wertersatz.* Damit passt die Lösung auch für die Fälle, wo die Mehrlieferung zu keiner Bereicherung des Käufers führt, wie in folgendem Fall:

Beispiel 32:

Wenn C im Beispiel 31 kein Baumarkt, sondern eine Tischlerei-GmbH (T-GmbH) ist, welche die Bretter zur Herstellung einer Holzdecke bei einem Kunden braucht, so ist die Bereicherung der T-GmbH alles andere als selbstverständlich. Denn sie würde voraussetzen, dass die T-GmbH die gelieferten Bretter 120/24 etwa für einen anderen Kunden verwenden kann. Gleichzeitig wäre aber auch zu berücksichtigen, dass die T-GmbH sich mit Brettern 100/18 etwa bei einem anderen Händler X eindecken muss, um die Holzdecke verfertigen zu können; diese Bretter sind nun uU aber teurer. Dieser Nachteil wäre mit einer allfälligen Bereicherung zu verrechnen. Jenseits dessen bleibt es aber dabei: T-GmbH hätte rügen müssen. Mangels Rüge muss sie die „wertvolleren Bretter“ behalten, aber auch nur den für die bestellten Bretter vereinbarten Preis bezahlen.

E. Aufbewahrung und Notverkauf

I. Inhalt des § 379

1. Beim beiderseitigen unternehmensbezogenen Warenkauf trifft den Käufer, wenn er die ihm von einem anderen Ort übersendete Ware beanstandet, die Verpflichtung zur einstweiligen Aufbewahrung der Ware (§ 379 Abs 1).

2. Ist die Ware dem Verderb ausgesetzt **und** Gefahr im Verzug, so hat der Käufer nach § 379 Abs 2 überdies das Recht zum Notverkauf, der wie der Selbsthilfeverkauf nach § 373 durchzuführen ist.

> **Beachte:**
> Den Käufer trifft die *Pflicht* zur Aufbewahrung, er hat das *Recht* zum Notverkauf.

II. Aufbewahrungspflicht

1. Tatbestandsvoraussetzungen

a) Die Ware ist aufgrund eines **beiderseitigen unternehmensbezogenen Warenkaufes** an den Käufer gelangt.

b) **Distanzkauf:** Die Ware muss dem Käufer von einem anderen Ort übersendet worden sein (Gegenteil: Platzgeschäft).

c) Der Käufer **beanstandet** die Ware. Beanstanden wird sich idR auf Mängel der Ware beziehen, denkbar ist auch der Hinweis, die Lieferung sei verfrüht. Gleichzeitig muss aus der Erklärung des Käufers hervorgehen, dass er die Ware nicht behalten will. Die Aufbewahrung soll ja den Sinn haben, die Rückstellung der Ware nach einer Wandlung (Irrtumsanfechtung) oder im Rahmen des Austauschanspruches zu ermöglichen. Will der Käufer dagegen nur mindern oder verlangt er die Verbesserung, so ist § 379 nicht anwendbar; dasselbe gilt, wenn die Wandlung vertraglich ausgeschlossen ist.

> **Beachte daher:**
> „Beanstanden" in § 379 ist wegen der anderen Funktion dieser Bestimmung nicht dasselbe wie „rügen" in § 377.

2. Die Aufbewahrung im Einzelnen

a) Der Käufer hat für die Aufbewahrung zu sorgen, dh, er kann selbst die Ware verwahren oder sie einem Dritten in Verwahrung geben (Haftung für culpa in eligendo!).

b) Die Kosten der Aufbewahrung trägt der Verkäufer, wenn die Beanstandung berechtigt war. Die Aufbewahrungspflicht besteht auch, wenn die Kosten nicht gedeckt sind.

c) Die Verpflichtung besteht nur in der **einstweiligen** Aufbewahrung. Der Käufer ist also nur so lange zur Aufbewahrung verpflichtet, als nach regelmäßigem Geschäftsgang eine Entscheidung des Verkäufers (was mit der Ware zu geschehen hat) erwartet werden kann. Danach kann der Käufer entweder, wenn die Voraussetzungen des § 379 Abs 2 gegeben sind, einen Notverkauf vornehmen oder die Ware auf Gefahr des Verkäufers an diesen zurücksenden (was er während aufrechter Aufbewahrungspflicht nicht darf!).

d) Verletzt der Käufer die Aufbewahrungspflicht, so wird er dem Verkäufer gegenüber schadenersatzpflichtig. Er verliert aber nicht seine Rechte aus dem Vertrag (zB Gewährleistung).

III. Recht zum Notverkauf

1. Voraussetzungen

Der Notverkauf setzt nach § 379 Abs 2 voraus, dass die Ware dem Verderb ausgesetzt und **gleichzeitig** Gefahr im Verzug ist. Nach hM darf der Notverkauf gegen den Widerspruch des Verkäufers nicht vorgenommen werden, da er ja in seinem Interesse liegt (Gefahr des Verderbens der Ware!).

2. Abwicklung

Der Notverkauf ist wie der Selbsthilfeverkauf nach § 373 abzuwickeln. Er erfolgt aber – sofern die Beanstandung durch den Käufer berechtigt war – für Rechnung des Verkäufers. War die Beanstandung nicht gerechtfertigt, so erfolgt der Verkauf für Rechnung des Käufers, er muss dem Verkäufer den vereinbarten Kaufpreis zahlen.

Dritter Abschnitt
Kommissionsgeschäft

A. Kommissionär und Kommissionsgeschäft

Beispiel 33:
Der Kunde A erteilt seiner Bank B den Auftrag, für ihn X-Aktien an der Wiener Börse zu kaufen.

Beispiel 34:
A kauft sich ein neues Auto beim Autohändler B und will sein altes Auto in Zahlung geben. B lehnt die Inzahlungnahme ab, erklärt sich aber bereit, das alte Auto für A zu verkaufen.

I. Überblick

1. Im Dritten Abschnitt des 4. Buches, den §§ 383–405, ist das Kommissionsgeschäft geregelt.
2. In § 383 UGB wurde das Wort „gewerbsmäßig" im Zuge des HaRÄG nicht übernommen. Damit wird klargestellt, dass die Bestimmungen über den Kommissionsvertrag auch auf den sog „Gelegenheitskommissionär", der nur fallweise Kommissionsgeschäfte schließt, zur Anwendung kommen.

II. Kommissionär

1. Begriff

Kommissionär ist nach § 383, wer es übernimmt, Waren oder Wertpapiere für Rechnung eines anderen (des Kommittenten) in eigenem Namen zu kaufen oder zu verkaufen. Es sind auch jene Geschäfte erfasst, insb Werklieferungen, die ein Unternehmer für Rechnung eines anderen im eigenen Namen zu schließen übernimmt (§ 383 Abs 1 S 2). §§ 383 ff können nur angewendet werden, wenn der Vertrag zumindest aufseiten des Kommissionärs ein unternehmensbezogenes Geschäft ist.

2. Abgrenzungen

Lies zunächst noch einmal UR I 7. Abschnitt.

- Handelsmakler (§§ 1, 19 MaklerG): Er schließt die Geschäfte nicht ab, sondern vermittelt nur.
- Handelsvertreter als Vermittlungsvertreter (§§ 1, 2 Abs 2 HVertrG). Für ihn gilt dasselbe wie für den Handelsmakler.
- Handelsvertreter als Abschlussvertreter (§§ 1, 2 Abs 1 HVertrG): Er darf Geschäfte abschließen, tut dies aber als (direkter) Stellvertreter des Unternehmers. Er handelt also anders als der Kommissionär nicht nur für Rechnung, sondern auch im Namen des Unternehmers.
- Handelsmakler mit Abschlussvollmacht. Für ihn gilt dasselbe wie für den Handelsvertreter als Abschlussvertreter.
- Kommissionsagent: Der Kommissionsagent ist vom Kommittenten ständig mit Kommissionsgeschäften betraut. Wie der „kombinierte" Begriff schon zeigt, handelt er nach außen als Kommissionär, ist aber im Innenverhältnis wie ein Handelsvertreter ständig mit der Abwicklung von Kommissionsgeschäften betraut. Die Vorschriften über das Kommissionsgeschäft finden auf das Verhältnis des Kommissionsagenten zu den Kunden Anwendung. Auf das Verhältnis zwischen Kommissionsagenten und Kommittenten sind die Vorschriften des Handelsvertretergesetzes anzuwenden (§ 383 Abs 2).

III. Kommissionsgeschäft

1. Begriff

Wesentlich für das Kommissionsgeschäft ist, dass ein **Unternehmer** (das muss kein Kommissionär sein!) es **übernimmt** (nicht notwendig gewerbsmäßig!), ein **Geschäft in eigenem Namen, aber für Rechnung eines anderen abzuschließen**. Kommission ist also die Geschäftsbesorgung für einen anderen. Daher besteht ein Kommissionsgeschäft aus zwei Geschäften:

- dem eigentlichen **Kommissionsgeschäft** zwischen dem Kommissionär (K) und dem Kommittenten (Kt), dessen wesentlicher Inhalt die Verpflichtung zur Geschäftsbesorgung gegen Entgelt ist, und
- dem **Ausführungsgeschäft** zwischen K und einem Dritten (D), das ist jenes Geschäft, das „besorgt" werden soll. Das Ausführungsgeschäft kann sein:
  - der Kauf/Verkauf von Waren/Wertpapieren (§ 383 Abs 1 S 1), man spricht von der Einkaufs- bzw Verkaufskommission;
  - ein Werklieferungsvertrag (§ 383 Abs 1 S 2);
  - irgendein anderes Geschäft (§ 383 Abs 1 S 2). Es könnten also auch unbewegliche Sachen Gegenstand der Kommission sein. Allerdings ist zu prüfen, inwieweit die primär auf bewegliche Sachen zugeschnittenen §§ 383 ff dabei sinnvoll anzuwenden sind.

2. Rechtsgrundlagen

- §§ 383–406
- §§ 1002 ff ABGB subsidiär (Auftrag)
- Str ist, welcher Vertragstypus für die Auslegung von Fragen am ehesten heranzuziehen ist, die weder in den §§ 384 ff noch im Auftragsrecht des ABGB geregelt sind. Ein Beispiel wären die vielfältigen Fragen rund um die Provision, die im ABGB gar nicht, im Kommissionsrecht nur teilweise geregelt ist. Hier bietet sich am ehesten (je nach Gestaltung des Kommissionsvertrages [ständige Betrauung? Verpflichtung zur Tätigkeit?]) eine Analogie zum HVertrG oder zum MaklerG an.
- §§ 13–23 DepG für die Einkaufskommission bei Wertpapieren

3. Merkmale

a) Kommissionär (K) und Kommittent (Kt) als Parteien: K muss Unternehmer sein, Kt nicht.

b) Hauptpflichten von K und Kt (unten B. und C.):
   - K: Abschluss von Kaufverträgen oder anderen Geschäften im eigenen Namen und für Rechnung des Kt.
   - Kt: Zahlung der Provision. Darin besteht die Entgeltlichkeit der Kommission. Fehlt eine Provisionsvereinbarung (selten!), so greift die Entgeltlichkeitsvermutung (§ 354 Abs 1).

c) Da K das Ausführungsgeschäft in eigenem Namen, aber auf Rechnung des Kt abschließt, liegt ein Fall **indirekter Stellvertretung** vor.

4. Abgrenzung vom Eigengeschäft

a) Problemstellung

Da K das Ausführungsgeschäft immer zunächst in eigenem Namen abschließt und erst dann die Ware (Einkaufskommission) bzw den Kaufpreis abzüglich der Provision (Verkaufskommission) dem Kt überlässt, stellt sich eine schwierige Abgrenzungsfrage: Wann ist das Geschäft ein Kommissionsgeschäft und wann ein Eigengeschäft des K (das mit der Kommission nichts zu tun hat)?

Beispiel 35:
Die Bank A erhält vom Kunden B Wertpapiere und soll sie verkaufen. Handelt A als Verkaufskommissionär für B oder kauft A die Wertpapiere von B und verkauft sie sodann weiter?

Beispiel 36:
Der Kunde X kauft „über" die Bank Y Wertpapiere. Ist Y Einkaufskommissionär mit Selbsteintrittsrecht oder Verkäufer, der seinerseits die Wertpapiere bei einem Dritten kauft?

Beachte:
Gerade bei der Effektenkommission (kommissionsweiser Kauf oder Verkauf von Wertpapieren) wie in den Beispielen 35 und 36 ist die Abgrenzung äußerst schwierig, weil nach den Banken-AGB die Bank selbst dann, wenn sie als Kommissionär tätig wird, immer das Recht haben soll, diese Kommission durch Selbsteintritt auszuführen. Der praktische Unterschied zum Eigengeschäft ist damit minimal. Die Rsp tendiert allerdings im Regelfall zur Kommission, weil damit die Pflichten der Bank als Kommissionär intensiver sind als beim Kauf bzw Verkauf (zB Interessenwahrungspflicht).

b) Die Abgrenzung nach Typusmerkmalen

Ob ein Kommissionsgeschäft oder ein Eigengeschäft (als Kette von Kaufgeschäften) vorliegt, ist durch Auslegung der zwischen K und Kt getroffenen Vereinbarung zu ermitteln.

Dabei können folgende Indizien (Typusmerkmale) von Bedeutung sein:

aa) Für Kommission spricht:

- Provisionsvereinbarung (aber: auch konkludent möglich!)
- Rechenschaftspflicht des K
- Weisungsbefugnis des Kt, va Preisbindungen (zB Verkauf nicht unter einem Mindestpreis, Kauf nicht über einem Höchstpreis; vgl § 386)

bb) Für Kauf (Eigengeschäft) spricht va die Vereinbarung eines **Festpreises**: Der Zwischenhändler muss einen fixen Betrag an seinen Verkäufer abliefern, unabhängig davon, ob und wie viel er aus dem Weiterverkauf erlöst. Dagegen erfolgt die Kommission „für Rechnung" des Kt, dieser trägt also das wirtschaftliche Risiko des Ausführungsgeschäftes. Der Unterschied zeigt sich (wiederum idealtypisch!) deutlich beim Risiko der Unverkäuflichkeit (Verkaufskommission):

Beispiel 37:
A soll für B 200 Uhren zum Stückpreis von € 100 verkaufen; die „Gewinnbeteiligung" des A soll 20 % (= € 20) betragen. A kann innerhalb des vereinbarten Zeitraums nur 150 Uhren verkaufen. Das wirtschaftliche Ergebnis für A variiert beträchtlich, je nachdem, ob man die Vereinbarung als Kette von Kaufgeschäften (Eigengeschäft) oder als Kommissionsgeschäft sieht: Wenn man für ein Eigengeschäft des A eintritt, so wäre der vereinbarte Preis abzüglich der Gewinnbeteiligung der Einkaufspreis des A (= € 80/Stück). A müsste den Einkaufspreis für die 200 Uhren (= € 16.000 [200 x 80]) an B bezahlen und bliebe auf den nicht verkauften 50 Uhren sitzen. Nehmen wir an, dass die Uhren unverkäuflich sind, so haben sie für A (jedenfalls bilanziell) keinen Wert; Verlust für A: € 4.000 (50 x 80). Da A aus dem Verkauf der 150 Uhren eine Gewinnbeteiligung von € 3.000 (150 x 20) erlöst, trifft ihn unterm Strich ein Verlust von € 1.000. Im Fall der Verkaufskommission könnte dagegen A die nicht verkauften Uhren an B zurückgeben. Sein Gewinn beträgt als Provision für die verkauften 150 Uhren € 3.000.

Das Beispiel 37 zeigt auch, dass die Bezeichnung durch die Parteien A und B (wie schon nach allgemeinen Regeln) nicht ausschlaggebend sein kann. Gleichzeitig können die genannten Indizien als Typusmerkmale nur eine Annäherung an den Typus der Kommission oder des Eigengeschäftes ermöglichen. Im Beispiel selbst spräche die Festpreisvereinbarung für Kauf als Eigengeschäft, die „Gewinnbeteiligung" als Provision für Kommission. Praktisch wird erst bei einer Häufung von Merkmalen eines Typs eine klare Zuordnung möglich sein. Im Beispiel könnte die Vereinbarung des Verkaufs in einem bestimmten Zeitraum zusätzlich für Kommission sprechen.

B. Pflichten des Kommissionärs

I. Die Pflichten im Überblick

K hat das übernommene Geschäft auszuführen und dabei die Interessen des Kt wahrzunehmen und dessen Weisungen zu befolgen (§ 384 Abs 1); das aus der Geschäftsbesorgung Erlangte hat er dem Kt herauszugeben (§ 384 Abs 2 letzter HS). Dazu kommen Nebenpflichten wie die Benachrichtigungs-, Anzeige- und Rechenschaftspflicht (§ 384 Abs 2).

II. Weisungsrecht des Kommittenten

1. Weisung

a) Funktion der Weisung

Mittels der Weisung konkretisiert Kt die Ausführungspflicht des K, die Situation ist dem Dienst- oder Werkvertrag ähnlich. Da aber K für die Sorgfalt eines ordentlichen Unternehmers einzustehen hat (§ 384 Abs 1; § 347), kann ihn eine Weisung nicht von seinen Sorgfaltspflichten entbinden. Vielmehr trifft ihn eine Warnpflicht, wenn er erkennt oder hätte erkennen können, dass die Weisung den Interessen des Kt zuwiderläuft.

b) Verstoß des K gegen Weisungen

Der Verstoß gegen eine Weisung ist eine Vertragsverletzung und zieht als Rechtsfolgen nach sich:

aa) Zurückweisungsrecht (§ 385 Abs 1 2. HS): Kt braucht das Ausführungsgeschäft nicht für seine Rechnung gelten zu lassen, er kann es zurückweisen. Der Erfüllungsanspruch des Kt bleibt aufrecht!

bb) Schadenersatz wegen Nicht- bzw Schlechterfüllung (§ 385 Abs 1 1. HS).

cc) Wenn K im Rahmen seiner Anzeigepflicht die Ausführung eines weisungswidrigen Geschäftes anzeigt (§ 384 Abs 2), so besteht natürlich auch die Möglichkeit, dass Kt dieses Geschäft in Kenntnis der Weisungswidrigkeit genehmigt, womit sich die genannten Rechtsfolgen des Weisungsverstoßes erübrigen.

c) Berechtigtes Abgehen von einer Weisung

Unter bestimmten Voraussetzungen ist K berechtigt, von Weisungen des Kt abzuweichen (§ 385 Abs 2): K darf nach den Umständen annehmen, dass Kt die Abweichung bei Kenntnis der Sachlage billigen würde. K hat dem Kt die Abweichung anzuzeigen und muss die Entschließung des Kt, ob er die Abweichung billigen will oder nicht, abwarten. Hält Kt die Weisung aufrecht, so muss sie K befolgen. Bei Gefahr im Verzug kann K sofort abweichen, ggf ergibt die Interessenwahrungspflicht (unten III.) in diesem Fall sogar eine Pflicht zum sofortigen (Abweichen und) Handeln.

2. Preissetzung

a) Inhalt und Funktion

Inhalt einer Weisung, aber auch des Kommissionsvertrages selbst sind häufig Festlegungen eines Höchstpreises (Einkaufskommission) bzw Mindestpreises (Verkaufskommission). Damit sind dem K Einkäufe über dem Höchstpreis bzw Verkäufe unter dem Mindestpreis untersagt. Nicht untersagt sind dem K selbstverständlich Abweichungen zum Vorteil des Kt (zB Einkauf zu einem besonders günstigen Preis). Diese Vorteile kommen wegen der Interessenwahrungspflicht des K im Zweifel dem Kt zu (§ 387).

b) **Rechtsfolgen des Verstoßes**

aa) Zeigt K dem Kt ein der Preissetzung widersprechendes Geschäft an, so hat Kt wie bei der Weisung (oben 1.) die Möglichkeit zur **Zurückweisung** (§ 386 Abs 1). Kt muss die Zurückweisung allerdings unverzüglich nach der Ausführungsanzeige des K an diesen erklären. **Schweigen** oder verspätete Zurückweisung gilt als **Genehmigung der Preisabweichung** (§ 386 Abs 1 letzter HS); Kt kann das Ausführungsgeschäft dann nicht mehr zurückweisen und hat nach hM auch keine Schadenersatzansprüche.

Merke:

Warum gilt hier Schweigen ausnahmsweise als Genehmigung? Weil K und Kt in einer Vertragsbeziehung stehen und K aufgrund seiner Anzeige von Gesetzes wegen (mangels abweichender Vereinbarung) mit einer (ablehnenden) Antwort des Kt rechnen darf.

bb) K kann die Zurückweisung durch Kt dadurch verhindern, dass er ihm die **Deckung des Preisunterschiedes** zugleich mit der Anzeige (nicht später!) anbietet (§ 386 Abs 2 S 1). Einen über diese Preisdifferenz hinausgehenden Schaden kann Kt aber dennoch geltend machen (§ 386 Abs 2 S 2).

III. Interessenwahrung

K ist zur umfassenden Wahrung der Interessen des Kt verpflichtet (§ 384 Abs 1). Neben den schon nach allgemeinen Regeln des ABGB bestehenden Schutz-, Sorgfalts- und Aufklärungspflichten beinhaltet die Interessenwahrung folgende Aspekte:

1. Abschluss eines für den Kt möglichst vorteilhaften Ausführungsgeschäftes
2. sorgfältige Auswahl des Vertragspartners aus dem Ausführungsgeschäft
3. Wahrung der Rechte des Kt gegenüber Dritten, wenn das Kommissionsgut Mängel oder Schäden aufweist; Überprüfung des Kommissionsgutes und allfällige Beweissicherung; Benachrichtigung des Kt (§ 388 Abs 1). Bei Gefahr im Verzug hat K ein Notverkaufsrecht, aus der Interessenwahrungspflicht kann sich auch eine *Pflicht* zum Notverkauf ergeben (§ 388 Abs 2).
4. Haftung für Verlust/Beschädigung mit Beweislastumkehr bei Verwahrung des Kommissionsgutes (§ 390 Abs 1)
5. Versicherungspflicht nur bei entsprechender Weisung des Kt (§ 390 Abs 2)
6. Benachrichtigungspflicht (§ 384 Abs 2)
7. keine eigenmächtigen Vorschüsse oder Kredite des K (für Rechnung des Kt!) an D (§ 393)

IV. Pflichten nach Zustandekommen des Ausführungsgeschäftes

1. Die Pflichten im Allgemeinen

Sobald das Ausführungsgeschäft zwischen K und D zustande gekommen ist, treffen K nach § 384 Abs 2 folgende Pflichten gegenüber dem Kt:

- Ausführungsanzeige
- Rechenschaft
- Herausgabe des aus der Geschäftsbesorgung Erlangten

2. Rügeobliegenheit bei Einkaufskommission

Ist die Einkaufskommission ein beiderseitig unternehmensbezogenes Geschäft (also auch Kt Unternehmer!), so sind die §§ 377–379 entsprechend anzuwenden (§ 391 S 1). Dies hat mehrere Folgen:

a) Den Kt trifft also wie den Käufer beim beiderseitig unternehmensbezogenen Warenkauf eine Rügeobliegenheit samt Genehmigungswirkung.

b) Kt ist zur Aufbewahrung verpflichtet bzw zum Notverkauf berechtigt.

c) Keine Auswirkung hat die Rügeobliegenheit auf das Recht des Kt, sich von K dessen Rechte gegen D abtreten zu lassen (§ 391 S 2).

Nicht vergessen:
Auch den K trifft eine Rügeobliegenheit aus dem Ausführungsgeschäft, wenn dieses Geschäft ein beiderseitig unternehmensbezogener Warenkauf ist (§ 377). Es empfiehlt sich hier (wie auch sonst), zwischen dem Kommissionsgeschäft und dem Ausführungsgeschäft zu unterscheiden:

Beispiel 38:
K kauft als Einkaufskommissionär für Kt eine Maschine bei D. Die Maschine weist bei Ablieferung erkennbare Mängel auf.
Fall 1:
K untersucht die Maschine und erhebt rechtzeitig Rüge gegenüber D. K hat damit seine Rechte aus dem Kaufvertrag gegen D gewahrt und ist gleichzeitig seiner Interessenwahrungspflicht gegenüber Kt nachgekommen. Kt kann sich die Gewährleistungsrechte des K gegen D abtreten lassen (§ 391 S 2).
Fall 2:
K untersucht die Maschine nicht weiter und liefert sie an Kt. Kt untersucht die Maschine und rügt die Mängel bei K rechtzeitig (§ 391 S 1). Zwar hat K wegen der Mangelhaftigkeit keine Ansprüche gegen D, wenn seine nunmehrige Rüge verspätet ist (§ 377 Abs 2), wohl aber kann Kt seinerseits Ansprüche gegen K wegen Vertragsverletzung (§ 384 Abs 1 und 2, § 388) erheben. Hat Kt gegenüber K nicht rechtzeitig gerügt, so hat er keine Ansprüche gegen K (§ 391 S 1 iVm § 377 Abs 2).

V. Haftung

Unterscheide für die Haftung des K streng zwischen dem Kommissionsgeschäft und dem Ausführungsgeschäft.

1. Haftung aus dem Kommissionsvertrag

a) K haftet dem Kt **nur** für die **Durchführung des Kommissionsgeschäftes**, also für die Erfüllung der eben (II.–IV.) genannten Pflichten.

b) Dagegen haftet K dem Kt grundsätzlich **nicht für die Erfüllung des Ausführungsgeschäftes** (Ausnahmen unten 2.).

c) Erfüllt D das Ausführungsgeschäft nicht, so ist dies eine Vertragsverletzung des D gegenüber dem K. Eine Verletzung des Kommissionsvertrages durch K gegenüber Kt ist damit noch nicht gegeben. Dies wäre erst der Fall, wenn etwa K den Kt von der Nichterfüllung durch D nicht benachrichtigt (Verletzung der Interessenwahrungspflicht). K haftet auch nicht nach § 1313a ABGB für das Verhalten des D. Schon nach Bürgerlichen Recht haftet K, wenn er mit D arglistig zum Schaden des Kt zusammenwirkt (Kollusion).

2. Haftung für die Erfüllung des Ausführungsgeschäftes

In drei Ausnahmefällen trifft den K eine Haftung für die Erfüllung des Ausführungsgeschäftes:

a) K hat diese Haftung rechtsgeschäftlich übernommen (§ 394: **Delkredere**), dafür kann Kt eine besondere Provision beanspruchen (Delkredereprovision, § 394 Abs 2 S 2). Die Rechtsnatur des Delkredere ist str, nach hM liegt eine Garantie vor. Mit der Bürgschaft hat diese Sicherungsabrede aber die Akzessorietät gemeinsam: K haftet nur so weit wie D aus dem Ausführungsgeschäft. Dem K stehen die Einwendungen des D aus dem Ausführungsgeschäft zu, außer K selbst hat sie verschuldet (str).

b) K benennt dem Kt nicht spätestens zugleich mit der Ausführungsanzeige den Partner des Ausführungsgeschäftes (§ 384 Abs 3). Statt des für Kt „unbekannten Dritten" haftet K.

c) K ist Verkaufskommissionär und verkauft an D unbefugt auf Kredit. Sollte D den kreditierten Kaufpreis nicht bezahlen, so haftet K dem Kt als Sch für die Zahlung des Kaufpreises (§ 393 Abs 3).

C. Rechte des Kommissionärs

I. Provision

1. Ausführungsprovision

Die dem K zustehende Hauptleistung ist die Provision. Sie ist verdient (und damit idR fällig), wenn das (Ausführungs-)Geschäft zur Ausführung gekommen ist (§ 396 Abs 1 S 1: **Ausführungsprovision**). Das bedeutet im Grundsatz, dass D den Vertrag ordnungsgemäß erfüllt haben muss.

2. Provision ohne Ausführung

Ausnahmsweise hat K trotz Nicht-Ausführung des Geschäftes einen (fälligen) Provisionsanspruch:

a) Der Grund für das Unterbleiben der Ausführung liegt in der „Person", also in der Sphäre des Kt (§ 396 Abs 1 S 2 letzter HS); vgl damit die „Sphärentheorie" im Dienst- und Werkvertragsrecht (SchV 3. Abschnitt).

b) **Auslieferungsprovision**, wenn diese ortsüblich oder vereinbart ist (§ 396 Abs 1 S 2 erster HS): Gemeint ist der Fall, dass D das Kommissionsgut bereits an den K ausgeliefert hat, in der Folge aber den Vertrag nicht erfüllt. Wenn der Grund für die Nichterfüllung nicht nach dem vorigen Punkt dem Kt zuzurechnen ist, hat K keinen Anspruch auf die Ausführungsprovision. K soll aber zumindest für die Entgegennahme und Aufbewahrung des Kommissionsgutes, das bei ihm „ausgeliefert" worden ist, entlohnt werden.

c) Beim Kommissionsagenten wären die §§ 8, 9 HVertrG analog anzuwenden (siehe UR I 7. Abschnitt B.).

II. Aufwendungsersatz

1. Aufwendungsersatz

K hat Anspruch auf Ersatz der Aufwendungen, die er für die Ausführung der Kommission gemacht hat und die er nach den Umständen für erforderlich halten durfte (§ 396 Abs 2).

2. Schadenersatz?

Str ist, ob K von Kt auch den Ersatz von Schäden verlangen kann, die ihm durch die Ausführung entstanden sind. Nach der (deutschen) Rsp kann K jene Schäden als Aufwendungen ersetzt verlangen, die aus seinem **typischen Geschäftsbesorgungsrisiko** entstanden sind. Diese Risikozurechnung ergibt sich (ohne Vereinbarung zwischen K und Kt!) schon daraus, dass K für fremde Rechnung (nämlich des Kt) handelt und daher regelmäßig wegen des Interesses des Kt an der Geschäftsbesorgung auch eine Zurechnung von Risiken an den Kt sachgerecht sein wird (vgl dazu auch § 1014 ABGB).

III. Sicherungsrechte

1. Gesetzliches Pfandrecht

a) Besitz am Kommissionsgut

K hat ein gesetzliches Pfandrecht am Kommissionsgut, soweit es sich in seinem Besitz befindet (§ 397); für den Besitz genügt auch die Verfügungsmöglichkeit mittels Konnossements, Orderlagerscheins oder Ladescheins. Das gesetzliche Pfandrecht spielt va für die Verkaufskommission eine Rolle, bei der Einkaufskommission wird K ohnehin idR Eigentümer des Kommissionsgutes; hier besteht für K ein besonderes Sicherungsmittel (unten 2. a)).

b) Gesicherte Forderungen

Durch das Pfandrecht sind gesichert:

aa) *konnexe* Forderungen, die mit der Ausführung des konkreten Kommissionsgeschäftes zusammenhängen: Provisionsanspruch, Aufwendungsersatz

bb) *inkonnexe* Forderungen, die mit der Ausführung des konkreten Geschäftes nichts zu tun haben: **alle Forderungen aus einem Kontokorrent in Kommissionsgeschäften**, also auch Forderungen aus früheren Kommissionsgeschäften, die im KK stehen. Die Saldoforderung ist nur dann durch § 397 gesichert, wenn ausschließlich Forderungen aus Kommissionsgeschäften in das KK aufgenommen worden sind.

c) Rangfolge der gesetzlichen Pfandrechte

aa) Auch Spediteur, Lagerhalter und Frachtführer haben gesetzliche Pfandrechte (§§ 410, 421 und 440). Es kann daher vorkommen, dass an einer Sache mehrere der genannten Personen gesetzliche Pfandrechte haben. Der Gesetzgeber musste daher regeln, welche Rangfolge zwischen diesen gesetzlichen Pfandrechten besteht.

bb) Nach **§ 443** gilt folgende Reihenfolge:

aaa) **Vorrangig** vor allen übrigen Pfandrechten sind die Pfandrechte des **Spediteurs** und des **Frachtführers**, soweit dadurch Forderungen aus der Versendung bzw Beförderung gesichert werden: Provision, Fracht, Aufwendungsersatz (§ 443 Abs 1); **nicht** dagegen **Vorschüsse**, die unter § 443 Abs 2 fallen (unten bbb)).

Innerhalb dieser nach § 443 Abs 1 privilegierten Pfandrechte geht das **spätere dem früheren vor** – eine Umkehrung des pfandrechtlichen Prioritätsprinzips!

bbb) **Nachrangig** zu den unter aaa) genannten stehen die Pfandrechte des **Kommissionärs** und des **Lagerhalters**; dazu kommen jene Pfandrechte des Spediteurs und des Frachtführers, die Vorschussforderungen sichern (§ 443 Abs 2).

Diese nachrangigen Pfandrechte konkurrieren untereinander bzw mit sonstigen Pfandrechten nach den Regeln des Bürgerlichen Rechts, es gilt also insb wieder das Prioritätsprinzip (**älteres vor jüngerem Pfandrecht**)!

Vereinfacht lässt sich die Reihenfolge wie folgt darstellen:

späteres Pfandrecht Spediteur/Frachtführer (Ausnahme: Vorschuss)
vor
früherem Pfandrecht Spediteur/Frachtführer (Ausnahme: Vorschuss)
vor
früheren übrigen Pfandrechten
vor
späteren übrigen Pfandrechten

2. Pfandrechtsähnliche Befriedigungsrechte

a) **„Pfandrecht" an eigener Sache (Einkaufskommission)**

Bei der Einkaufskommission wird K Eigentümer des Kommissionsgutes. Ein Pfandrecht gibt es aber grundsätzlich nur an fremden Sachen. Um K dennoch abzusichern, gibt ihm § 398 ein dem gesetzlichen Pfandrecht nachgebildetes Befriedigungsrecht; manche sehen darin ein (ausnahmsweise zulässiges) Pfandrecht an eigener Sache.

b) **„Pfandrecht" an Forderungen**

Die Forderungen aus dem Ausführungsgeschäft stehen dem K zu, weil er ja dieses Geschäft in eigenem Namen abgeschlossen hat (§ 392 Abs 1). Erst wenn K die Forderung an Kt abtritt, wozu K aus dem Kommissionsvertrag verpflichtet ist, wird Kt Gl des D. Zur Absicherung gibt § 399 dem K ein wiederum pfandrechtsähnliches Befriedigungsrecht an den (noch nicht abgetretenen!) Forderungen aus dem Ausführungsgeschäft. Die Bestimmung ist aus zwei Gründen notwendig:

- Es geht (ähnlich wie bei § 398 – oben a)) um ein nach allgemeinen Regeln nicht mögliches „Pfandrecht" an eigenen Forderungen des K.
- Die Forderungen sind nicht Kommissionsgut, sodass weder § 397 noch § 398 einschlägig wären.

c) Dem K steht auch das **unternehmerische ZbR** (§§ 369–372) zu.

D. Die Abwicklung des Ausführungsgeschäftes

I. Schuldrechtliche Probleme

1. Schuldrechtlich ist zwischen dem Kommissionsvertrag und dem Ausführungsgeschäft zu unterscheiden. Da K in eigenem Namen auftritt, kommt das Ausführungsgeschäft nur zwischen ihm und D zustande (Außenverhältnis). Der Ausgleich zwischen K und Kt ist eine Frage des Innenverhältnisses.
2. Insofern normiert § 392 Abs 1 eine Selbstverständlichkeit: Kt kann erst dann als Gl gegenüber D auftreten, wenn ihm K die Forderung aus dem Ausführungsgeschäft abgetreten hat.
3. Es gilt aber zwei Besonderheiten zu beachten:
   a) **Kt ist nicht Dritter iSd § 875 ABGB.** Wenn also Kt einen Irrtum bei D veranlasst oder diesen arglistig täuscht, kann D den Vertrag mit K auch dann anfechten, wenn K davon weder gewusst hat noch hätte wissen müssen. Das Verhalten des Kt wird insofern der Sphäre des K zugerechnet.
   b) Die Kommission gehört zur Fallgruppe mittelbarer Stellvertretung und ist somit ein anerkannter **Drittschadens**-Fall. Zum Drittschaden siehe SchE und BerR 1. Abschnitt A. XI. 2.

II. Eigentumszuordnung

1. Verkaufskommission

a) In der Regel wird K nicht Eigentümer, dh, es wird nicht das Eigentum von Kt auf K und von K auf den Käufer (D) übertragen.

b) K ist aber **ermächtigt**, das Eigentum (des Kt) auf den Käufer zu übertragen (Verfügungsermächtigung).

c) Sollte K seine Ermächtigung überschreiten oder gar nicht wirksam ermächtigt worden sein, so wird der gutgläubige Käufer nach § 367 ABGB geschützt (guter Glaube an die Verfügungsbefugnis). Demnach ist die Eigentumsklage gegen den rechtmäßigen und redlichen Besitzer einer beweglichen Sache abzuweisen, wenn er beweist, dass er die Sache entgeltlich in einer öffentlichen Versteigerung, von einem Unternehmer im gewöhnlichen Betrieb seines Unternehmens oder von jemandem erworben hat, dem sie der vorige Eigentümer anvertraut hatte. Auch das Recht eines Dritten an der Sache erlischt (zB Pfandrecht, § 367 Abs 2 ABGB), wenn der rechtmäßige und redliche Besitzer Eigentum erwirbt.

2. Einkaufskommission

Hier wird K im Regelfall Eigentümer (derivativer Erwerb vom Käufer). Kt erwirbt sodann das Eigentum von K.

III. Schutz des Kommittenten (§ 392 Abs 2)

1. Problemstellung

Den K trifft nach § 384 Abs 2 letzter HS eine Herausgabepflicht, er muss also dem Kt das Eigentum (Einkaufskommission) bzw die erlangte Forderung übertragen oder das erhaltene Geld (Verkaufskommission) herausgeben. Solange K dies nicht macht, ist die Position des Kt unsicher: K könnte das Kommissionsgut wirksam D übertragen. Bei der Verkaufskommission helfen die Vorschriften über den gutgläubigen Eigentumserwerb vom Nichtberechtigten. Bei der Einkaufskommission ist K ohnehin (nach außen hin unbeschränkter) Eigentümer, D würde nach allgemeinen Regeln derivativ Eigentum erwerben. Auch könnten Gl des K im Wege der Exekution oder bei Insolvenz des K auf das Kommissionsgut greifen. Den damit notwendigen Schutz des Kt bezweckt § 392 Abs 2.

2. Inhalt und Normzweck des § 392 Abs 2

a) Inhalt

Dem unter 1. geschilderten Problem soll § 392 Abs 2 zum Schutz des Kt vorbeugen: Zwar wird Kt erst mit der Abtretung durch K Gl der Forderung aus dem Ausführungsgeschäft (§ 392 Abs 1). Aber bereits vor der Abtretung gelten solche Forderungen im Verhältnis Kt–K **und** (!) im Verhältnis Kt–Gl des K als Forderungen des Kt (§ 392 Abs 2).

b) Normzweck

Die Deutung des § 392 Abs 2 ist va für das Verhältnis des Kt zu den Gl des K str: Man kann den Normzweck im Treuhandcharakter der Kommission (Handeln des K für Rechnung des Kt) sehen oder (zusätzlich) in der Offenkundigkeit des Handelns für fremde Rechnung, die uU durch das betriebene Unternehmen bewirkt wird.

3. Anwendungsbereich

a) Forderungen aus dem Ausführungsgeschäft

aa) § 392 Abs 2 gilt unmittelbar nur für Forderungen aus dem Ausführungsgeschäft (Erfüllungsanspruch sowie „Sekundäransprüche“ wie etwa Gewährleistungs- oder Schadenersatzansprüche). Es wird eine Vorausabtretung fingiert und so die Gläubigerstellung des Kt gegenüber K und dessen Gl begründet.

bb) Folge: Kt hat ein **Exszindierungsrecht** (§ 37 EO), wenn Gl des K auf diese Forderung greifen. Bei Insolvenz des K hat Kt ein **Aussonderungsrecht** (§ 44 IO). Dazu zwei einfache Fälle:

Beispiel 39:

Der Verkaufskommissionär V hat einen Anspruch auf Kaufpreiszahlung gegen den Käufer D. Der Gl (des V) G betreibt die Pfändung dieser Forderung. Der Kommittent Kt kann dagegen mit der Exszindierungsklage (§ 37 EO) vorgehen.

Beispiel 40:

Der Einkaufskommissionär E hat eine Maschine bei D gekauft. Bevor die Maschine geliefert wird, fällt E in Konkurs. Der Kommittent Kt kann den Lieferungsanspruch (E gegen D) aus der Masse aussondern (§ 44 IO). Damit Kt diesen Anspruch gegen D geltend machen kann, bedarf es noch der Abtretung (§ 392 Abs 1). Dazu ist der Insolvenzverwalter nach § 44 IO verpflichtet.

b) Surrogat der Forderung?

aa) Str ist auch, ob § 392 Abs 2 auch für das Surrogat der Forderung gilt. Gemeint ist das, was K erhält, wenn er seine Forderung gegen D bereits geltend gemacht hat.

Beispiel 41:

Bei der Verkaufskommission gilt § 392 Abs 2 jedenfalls für die Kaufpreisforderung des K. Hat K den Kaufpreis von D schon erhalten, so fragt sich, ob § 392 Abs 2 zum Schutz des Kt anwendbar ist, wenn jetzt der Gl G auf den Kaufpreis bei K greifen möchte. Dasselbe Problem stellt sich bei der Einkaufskommission, wenn K die Kaufsache von D schon erhalten hat.

bb) Nach überzeugender Auffassung **gilt § 392 Abs 2 auch für die Surrogate der Forderung**. Allerdings verlangt die hM jedenfalls Unterscheidbarkeit des Surrogats gegenüber dem übrigen Vermögen des K, was gerade bei Geld fraglich sein kann (vgl § 371 ABGB; Ausnahme: gesonderte Kassenführung für Kommissionsgeschäfte durch K).

c) § 392 Abs 2 und Aufrechnung des D

Fraglich ist, ob § 392 Abs 2 auch im Fall der Aufrechnung durch D angewendet werden kann. Dabei ist zu unterscheiden zwischen:

- konnexen Forderungen, die aus dem Ausführungsgeschäft stammen, und
- inkonnexen Forderungen, die mit dem Ausführungsgeschäft nichts zu tun haben.

Beispiel 42:

Der Verkaufskommissionär V liefert eine Maschine zum vereinbarten Kaufpreis von € 50.000 an D. Gegen die Kaufpreisforderung des V rechnet D auf mit

a) einer Schadenersatzforderung wegen Verzugs (V hat die Maschine zu spät geliefert) in Höhe von € 15.000;

b) einer Forderung von € 10.000 aus einem anderen Geschäft, das V (nun nicht als Kommissionär) mit D abgeschlossen hat.

Kann D aufrechnen? Oder gilt im Verhältnis zu ihm § 392 Abs 2, womit die Aufrechnung nicht möglich wäre?

- Mit der konnexen Schadenersatzforderung in Höhe von € 15.000 (Beispiel 42 a)) kann D jedenfalls aufrechnen. D ist hier nicht irgendein Gl des V, sondern die Forderung betrifft seine Stellung als Vertragspartner des Ausführungsgeschäftes, sodass sie auch Kt gegen sich gelten lassen muss.
- Dagegen überwiegt bei der Forderung von € 10.000 in Beispiel 42 b), die aus einem ganz anderen Geschäft des V mit D stammt, die Gläubigerstellung des D, sodass er nach eher hM mit dieser Forderung nicht aufrechnen kann; diese Forderung geht den Kt gleichsam nichts an (überaus str!).

IV. Selbsteintritt

1. Begriff

Eine besondere Abwicklungsform ist der Selbsteintritt durch K (§ 400 Abs 1):

- Bei der Verkaufskommission verkauft K nicht an D, sondern **K kauft selbst das Kommissionsgut.**
- Bei der Einkaufskommission kauft K nicht bei D, sondern **liefert das Gut selbst als Verkäufer.**

Verständlich wird diese Konstruktion dann, wenn man sich wieder die Trennung von Kommissionsgeschäft (Geschäftsbesorgung) und Ausführungsgeschäft (Kauf etc) vor Augen hält. K tritt beim Selbsteintritt in den jeweiligen Geschäftsbeziehungen in zwei Rollen auf. Es besteht die **Gefahr von Interessenkollisionen**, die einen Schutz des Kt erfordern (unten 2.).

Beachte aber, dass K mit dem Selbsteintritt nicht nur Käufer/Verkäufer aus dem Ausführungsgeschäft, sondern gleichzeitig auch Kommissionär aus dem Kommissionsgeschäft mit Kt ist. Er hat wie sonst einen Provisionsanspruch (§ 403), und auch die Sicherungsrechte nach §§ 397, 398 kommen ihm zugute (§ 404).

2. Schutz des Kt

Aus den unter 1. genannten Gründen bestehen zum Schutz des Kt folgende Beschränkungen des Selbsteintrittsrechts:

a) Kt kann den Selbsteintritt verbieten (§ 400 Abs 1).

b) Selbsteintritt ist nur bei Waren mit Markt- oder Börsepreis bzw amtlich notierten Wertpapieren möglich; andernfalls wäre die Preisbildung durch K nur schwer überprüfbar!

c) Preisfestsetzung

   aa) K könnte immer dann, wenn ihm ein Geschäft mit D günstig erscheint, vom Selbsteintritt Gebrauch machen, sich bei D eindecken und mit Gewinn an Kt weiterverkaufen. K könnte so beliebig Gewinne selbst behalten und Verluste an Kt weitergeben (bei der Effektenkommission spricht man bezeichnend vom „Kursschnitt").

   bb) Den unter aa) geschilderten möglichen Missbräuchen schiebt das Gesetz einen Riegel vor, indem es K genau vorschreibt, welchen Preis er dem Kt zu verrechnen hat (vgl § 400 Abs 2–5 und § 401; beachte insb § 401 Abs 2, der die geschilderte Praxis des günstigeren, aber nicht an Kt weitergegebenen Deckungsgeschäftes des K mit D regelt). Diese Regeln über die Preisberechnung sind zugunsten des Kt einseitig zwingend (§ 402).

Vierter Abschnitt
Speditionsgeschäft

A. Spediteur und Speditionsgeschäft

I. Spediteur

1. Speditionsgewerbe

Nach allgemeinem Sprachgebrauch ist der Spediteur ein Transportunternehmer. Dies hängt sicherlich damit zusammen, dass das Speditionsgewerbe im heutigen Wirtschaftsleben ein sehr vielschichtiges Bild eines Dienstleistungsunternehmens bietet, das neben der eigentlichen Spedition (im rechtlichen Sinn, dazu sogleich) meist auch das Fracht- und Lagergeschäft mit umfasst.

2. Spediteur iSd UGB

Spediteur im rechtlichen Sinn ist jener Unternehmer, der es übernimmt, **Güterversendungen durch Frachtführer** (oder Verfrachter von Seeschiffen) für Rechnung eines anderen (des Versenders) im eigenen Namen **zu besorgen** (§ 407 Abs 1). Wie bei der Kommission ist auch der **Gelegenheitsspediteur** erfasst.

II. Speditionsgeschäft

1. Begriff

Das Speditionsgeschäft ist ein Geschäftsbesorgungsvertrag, durch den ein Unternehmer verpflichtet wird, für Rechnung eines anderen, aber im eigenen Namen die Güterversendung durch Frachtführer zu besorgen (Merke: Der Spediteur organisiert die Beförderung, und der Frachtführer führt diese durch!).

2. Spedition und Kommission

Die Spedition ist eine **besondere Form der Kommission**, das Ausführungsgeschäft ist der Frachtvertrag mit dem Frachtführer. Deshalb kommen auch, soweit in den §§ 407–415 keine Sonderregeln enthalten sind (siehe aber unten B.!), die Bestimmungen des Kommissionsrechts (§§ 383–406) zur Anwendung (§ 407 Abs 2).

B. Rechtsgrundlagen

Es gelten die §§ 408–414, daneben bzw subsidiär die Bestimmungen des Kommissionsrechts (§ 407 Abs 2).

Überaus große praktische Bedeutung haben Allgemeine Geschäftsbedingungen, insb die vom Fachverband der Spediteure beschlossenen **Allgemeinen Österreichischen Spediteurbedingungen (AÖSp).** Es handelt sich um AGB, dh, es gelten die allgemeinen Voraussetzungen und Schranken ihrer Geltung für den einzelnen Speditionsvertrag. Soweit sie wirksam vereinbart sind und das Gesetzesrecht für die Spedition dispositiv ist, gehen sie den §§ 408 ff vor.

C. Merkmale des Speditionsgeschäftes

I. Besorgung der Güterversendung

1. Besorgung von Frachtverträgen

a) Der Spediteur (S) übernimmt es, für Rechnung des Versenders (V) im eigenen Namen Frachtverträge mit Frachtführern (§ 425) abzuschließen und damit die Güterversendung zu besorgen.

b) Dagegen ist **S nicht zur Beförderung verpflichtet**, S haftet anders als der Frachtführer auch nicht für einen Beförderungserfolg. Bildlich könnte man sagen, S ist zur Absendung verpflichtet, ob das Gut ankommt, fällt in die Sphäre des Frachtführers. Man tut daher auch bei der Spedition gut daran, zwischen dem Speditionsgeschäft (Geschäftsbesorgung) und dem Frachtgeschäft (Ausführungsgeschäft zur Spedition) zu unterscheiden. Ausnahmen unten F.

2. Güter

Nur die Besorgung der **Güter**versendung ist erfasst, daher sind etwa Reisebüros keine Speditionen (sie besorgen die Beförderung von Personen!).

3. Güterversendung durch Frachtführer bzw Verfrachter von Seeschiffen

a) Nur soweit S die Güterversendung durch Frachtführer iSd § 425 (bzw Verfrachter von Seeschiffen) besorgt, liegt ein Speditionsgeschäft vor.

b) Nicht erfasst daher: Postsendung, Versendung durch Luftfrachtführer (aber Analogie bejaht).

II. Geschäftsbesorgung

1. Wie die Kommission ist die Spedition Geschäftsbesorgung: S handelt im eigenen Namen für Rechnung des V. Auch hier liegt ein Fall mittelbarer Stellvertretung vor. Gem § 407 Abs 2 finden auf die Rechte und Pflichten des Spediteurs, soweit dieser Abschnitt keine Vorschriften enthält, die für den Kommissionär geltenden Vorschriften, insbesondere die Vorschriften der §§ 388 bis 390 über die Empfangnahme, die Aufbewahrung und die Versicherung des Gutes, Anwendung. Subsidiär ist Auftragsrecht (§§ 1002 ff ABGB) maßgeblich.
2. Keine Spedition ist daher die **Vermittlung** von Frachtverträgen, weil bei der Vermittlung der Frachtvertrag nicht im eigenen Namen abgeschlossen wird.

D. Pflichten des Spediteurs

I. Besorgung von Geschäften

1. S ist zur Besorgung der Güterversendung, also zum Abschluss von Frachtverträgen im eigenen Namen für Rechnung des V, verpflichtet.
2. Dazu kommen zahlreiche Nebenpflichten, zB Entgegennahme des Gutes, Lagerung, Verpackung, Vorbereitung zum Transport usw.
3. Ansonsten gelten vergleichbare Grundsätze wie bei der Kommission (zB Weisungsrecht, Rechnungslegung, Herausgabepflicht).

II. Haftung

1. S hat die Versendung nur zu besorgen, nicht selbst durchzuführen. Wenn S nicht (wie etwa beim Selbsteintritt) die Pflichten eines Frachtführers übernimmt, haftet er nur für ein Verschulden bei

der Auswahl des Frachtführers (§ 408 Abs 1). Für ein Verschulden des Frachtführers haftet S nicht, der Frachtführer ist nicht der Erfüllungsgehilfe des S (iSd § 1313a ABGB).

2. Die Haftung des S wird in den AÖSp in vielfältiger Hinsicht beschränkt (allerdings ist im Einzelnen fraglich, ob diese Einschränkungen als AGB-Klauseln wirksam sind!).

E. Rechte des Spediteurs

I. Provision

1. S hat Anspruch auf Provision, sobald das Gut dem Frachtführer zur Beförderung übergeben ist (§ 409). Siehe auch unten F. II.
2. Ein Anspruch auf Aufwendungsersatz ergibt sich aus den Regeln der Kommission ebenso wie aus dem Auftragsrecht des ABGB (SchV 3. Abschnitt C.).

II. Sicherungsrechte

1. Gesetzliches Pfandrecht

a) S steht wie dem Kommissionär nach § 410 ein **gesetzliches Pfandrecht** am Gut zu, sofern er es noch in Besitz hat (wie bei der Kommission genügt mittelbarer Besitz).

b) Gesichert sind anders als bei der Kommission **nur konnexe** Forderungen, also Forderungen aus dem **konkreten Speditionsgeschäft** (Provision, Aufwendungen, Vorschüsse). In den AÖSp ist in Erweiterung des § 410 ein Pfandrecht auch für nicht konnexe Forderungen vorgesehen (Forderungen aus **allen** Geschäften zwischen V und S, erfasst sind also nicht nur Speditionsgeschäfte, überdies sind auch nicht fällige Forderungen gesichert!).

Beachte zur Rangfolge, wenn auch sonstige gesetzliche Pfandrechte an derselben Sache vorliegen, § 443.

2. Unternehmerisches ZbR

Dem S steht das unternehmerische Zurückbehaltungsrecht (§§ 369–372) zu, nur wird es idR wegen § 369 Abs 3 nicht greifen, weil im Auftrag des V gleichzeitig die Anweisung enthalten ist, mit dem Gut in bestimmter Weise zu verfahren. Nach § 369 Abs 3 ist das Zurückbehaltungsrecht ausgeschlossen, wenn die Zurückbehaltung des Gegenstandes der von dem Schuldner vor oder bei der Übergabe erteilten Anweisung oder der von dem Gläubiger übernommenen Verpflichtung, in einer bestimmten Weise mit dem Gegenstande zu verfahren, widerstreitet.

F. Sonderformen

I. Selbsteintritt

1. Recht zum Selbsteintritt

Wie der Kommissionär hat auch S das Recht zum Selbsteintritt: Er ist befugt, die Beförderung des Gutes selbst auszuführen (§ 412 Abs 1). Wegen der wirtschaftlichen Funktion des Speditionsgewerbes hat dieses Selbsteintrittsrecht große praktische Bedeutung.

2. Rechtsfolge

S hat **zugleich** (dh neben seiner Stellung als Spediteur!) die Rechte und Pflichten eines Frachtführers (§ 412 Abs 2) – zum Frachtführer unten Sechster Abschnitt. § 412 ist zwingendes Recht. Aus der Doppelstellung des S ergeben sich va zwei wichtige Konsequenzen:

a) S bekommt nicht nur die Provision als Spediteur (siehe oben E. I.), sondern auch die gewöhnliche Fracht als Frachtführer (§ 412).

b) Anders als im Recht der Spedition sind die Regeln über das Frachtgeschäft (§§ 425 ff; CMR etc) in weitem Umfang, etwa hinsichtlich der Haftung, **zwingendes Recht**. S kann auch im Fall des Selbsteintrittes die Geltung dieser Normen nicht abbedingen, die AÖSp haben insofern, selbst wenn sie wirksam vereinbart sind, keine Wirkung.

> **Beachte** aber:
> Betroffen ist davon nur jener Tätigkeitsbereich des S, der in der eigentlichen Beförderung (= Frachtgeschäft) besteht. Soweit S als Spediteur tätig ist, gilt Speditionsrecht (und damit auch die AÖSp).

II. Fixkostenspedition

1. Wenn S und V sich über einen bestimmten Satz der Beförderungskosten einigen (Fixkostenspedition, Spedition zu festen Spesen), so hat S ausschließlich die Rechte und Pflichten eines Frachtführers (§ 413 Abs 1 S 1).
2. Eine Provision als Spediteur kann S nur bei besonderer Vereinbarung verlangen (§ 413 Abs 1 S 2) – anders beim Selbsteintritt (oben I.)!
3. Welches Frachtrecht (= Recht welches Frachtführers) anzuwenden ist, richtet sich nach dem Transportmittel, § 413 Abs 1 verweist also nicht allein auf die §§ 425 ff, sondern auch auf die sonstigen Gebiete des Frachtrechts (zu diesen unten Sechster Abschnitt).
4. Wie bei § 412 (oben I.) geht zwingendes Frachtrecht den AÖSp vor.

III. Sammelladungsspedition

Diese liegt vor, wenn S die Güter mehrerer Versender sammelt und dann für eigene Rechnung einen Frachtvertrag über die Sammelladung abschließt. Auch ohne entsprechende Vereinbarung, also nur durch den objektiven Vorgang des Sammelns (Realakt!), wird S damit zum Frachtführer (§ 413 Abs 2). S hat Anspruch auf eine angemessene Fracht, höchstens aber auf eine für die Beförderung des einzelnen Gutes gewöhnliche Fracht.

Fünfter Abschnitt
Lagergeschäft

A. Lagerhalter und Lagergeschäft

I. Lagerhalter

1. Die §§ 416–424 regeln das Lagergeschäft.
2. **Lagerhalter** (L) ist, wer die Lagerung und Aufbewahrung von Gütern übernimmt (§ 416). Der Gelegenheitslagerhalter ist erfasst. Nach den Materialien zum UGB war die bislang hM, dass es beim Lagergeschäft keine Gelegenheitslagergeschäfte geben soll, nicht sachgerecht.

II. Lagergeschäft

Lagergeschäft iSd UGB ist demnach das mit einem Lagerhalter (L) (Unternehmer) abgeschlossene entgeltliche Geschäft über die Lagerung und Aufbewahrung von Gütern. Den Vertragspartner des Lagerhalters nennt man Einlagerer (E). Der Lagervertrag wird als Sonderform des Verwahrungsvertrages gesehen. Anders als der Verwahrungsvertrag ist der unternehmensrechtliche Lagervertrag nach überwiegender Ansicht aber ein Konsensualvertrag, dh, die Übergabe der Güter ist keine Voraussetzung für das Zustandekommen des Vertrages.

III. Rechtsgrundlagen

Es gelten die §§ 417–424, subsidiär (wie bei der Spedition) kraft des Verweises in § 417 Abs 1 die Regeln der Kommission und wiederum subsidiär die §§ 957 ff ABGB über den Verwahrungsvertrag. Für die Verwahrung von Wertpapieren gilt das DepG. Die V über Orderlagerscheine (OLSchV) wurde zum 31. 12. 2009 ersatzlos außer Kraft gesetzt.

B. Rechte und Pflichten des Lagerhalters

I. Pflichten

Empfangnahme, Aufbewahrung und – wie bei der Kommission (§ 390 Abs 2) bei entsprechender Anweisung des E – Versicherung des Gutes (§ 417 Abs 1); div Benachrichtigungspflichten des L, wenn Veränderungen am Lagergut eintreten oder sonstige Gefahren drohen (§ 417). Einlagerung bei einem Dritten ist nur im Notfall oder mit Zustimmung des E möglich, sonst haftet L auch für den casus mixtus (§ 965 ABGB; SchV 3. Abschnitt E.).

Haftung für Verlust und Beschädigung des in Verwahrung genommenen Gutes (§ 390 Abs 1); Sorgfaltsmaßstab des § 347 UGB; Beweislastumkehr wie bei der Kommission (§ 417 Abs 1 iVm § 390 Abs 1). Für die Verjährung der Ansprüche gegen den Lagerhalter wegen Verlustes, Minderung, Beschädigung oder verspäteter Ablieferung gilt – wie auch beim Speditions- und Frachtgeschäft – die Einjahresfrist des § 414.

II. Rechte

1. Lagergeld, Aufwendungsersatz

a) L hat Anspruch auf das vereinbarte oder ortsübliche Lagergeld. Kann dieses nicht ermittelt werden, auf das angemessene Lagergeld.

b) Dazu kommen Ansprüche auf Erstattung der Auslagen für Fracht, Zoll und die auf das Gut gemachten Aufwendungen (§ 420 Abs 1). Wie bei der Kommission (§ 396 Abs 2) steht der Aufwandersatzanspruch des L unter dem Vorbehalt, dass er die Aufwendungen nach den Umständen für erforderlich halten durfte.

2. Gesetzliches Pfandrecht

L hat ein dem § 410 für die Spedition nachgebildetes, gesetzliches Pfandrecht am eingelagerten Gut, solange dieses sich in seinem Besitz befindet (§ 421). Gesichert sind nur die (konnexen) Lagerkosten (siehe 1.).

Beachte zur Rangfolge, wenn auch sonstige gesetzliche Pfandrechte an derselben Sache vorliegen, § 443.

3. Unternehmerisches ZbR

L steht auch ein unternehmerisches ZbR (§§ 369 ff) zu.

Sechster Abschnitt
Frachtgeschäft

A. Rechtsgrundlagen

Das Recht der Frachtgeschäfte ist heute äußerst zersplittert und in vielen Sondergesetzen geregelt. Dies hat dazu geführt, dass die Regeln des UGB über das Frachtgeschäft (§§ 425–453) nur noch von geringer praktischer Bedeutung sind.

Für den **Straßenfrachtverkehr** gilt das Übereinkommen über den Beförderungsvertrag im internationalen Straßengüterverkehr (CMR). Seit 1990 unterliegen nicht nur internationale, sondern **auch innerösterreichische Frachtverträge** (wenn der Übernahme- und der Ablieferungsort im Inland liegen) dem **CMR** (§ 439a UGB). Bedeutung hat dies für den Vertragsabschluss, die Haftung des Frachtführers und die Verhältnisse mehrerer aufeinanderfolgender Frachtführer.

Für das Eisenbahnfrachtgeschäft gilt primär das Eisenbahn-Beförderungs- und Fahrgastrechtegesetz (EisbBFG). International ist insb das COTIF-Übereinkommen aus dem Jahr 1980 zu nennen.

Im Seefrachtgeschäft gilt insb das SeeschifffahrtsG, Österreich hat auch die sog „Hamburg-Regeln“, die ua eine strengere Haftung des Frachtführers normieren, unterzeichnet.

Für den Luftfrachtverkehr kommt insb das LFG zur Anwendung. Der Luftfrachtführer ist nicht Frachtführer iSd § 425, die Bestimmungen des UGB über den Frachtführer sind aber analog anzuwenden (hM). Im internationalen Flugverkehr sind insb das Montrealer Übereinkommen (MÜ, seit 2004 in Ö in Kraft) – welches das Warschauer Abkommen (WA) nun zT abgelöst hat – und das Abkommen von Guadalajara von Bedeutung.

Für den Postfrachtverkehr gelten insb das Postmarktgesetz (PMG) und div internationale Postabkommen.

Beachte:
Die §§ 425 ff gelten subsidiär und dienen als Auslegungshilfe bei der Anwendung der Sonderfrachtrechte!

Stellvertretend für die Probleme, die allein schon mit der Suche nach dem anzuwendenden Recht verbunden sind, sei der multimodale oder kombinierte Transport (= Transport mit verschiedenen Transportmitteln) genannt, der im Zeitalter des Container-Transports zur Regel geworden ist. Dazu ein stark vereinfachter Fall:

Beispiel 43:
Ein Container wird in Taiwan beladen und mit dem Schiff nach Hamburg transportiert. Von Hamburg nach Salzburg wird der Container mit einem Sattelschlepper transportiert. Allein auf diesem einfachen Weg von Taiwan nach Salzburg werden Sachrechte verschiedener Staaten sowie das Seerecht berührt, dazu kommen innerhalb der jeweiligen Staatenrechte (etwa in D und Ö) verschiedene Transportrechte je nach Art des Beförderungsmittels.

Im Folgenden wird nur das Frachtrecht des UGB und auch dieses wegen der eher geringen praktischen Bedeutung nur überblicksartig dargestellt.

B. Frachtführer und Frachtgeschäft

I. Frachtführer

Frachtführer ist, wer es übernimmt, die Beförderung von Gütern zu Lande oder auf Flüssen oder sonstigen Binnengewässern auszuführen (§ 425). Der Gelegenheitsfrachtführer ist damit wiederum erfasst. Nicht erfasst ist aber die Personenbeförderung!

II. Frachtvertrag

Der Frachtvertrag ist ein **Werkvertrag** mit Auftragselementen. Die Bestimmungen über den Werkvertrag und Auftrag (§§ 1165 ff, 1151, 1002 ff ABGB) kommen subsidiär zur Anwendung. Als formfreier Konsensualvertrag kommt der Frachtvertrag bereits mit der Einigung über den wesentlichen Vertragsinhalt zustande.

Der Frachtvertrag ist nach hL ein **echter Vertrag zugunsten Dritter** (§ 881 Abs 2 ABGB), wenn Absender und Empfänger verschiedene Personen sind. Der Absender (A) und der Frachtführer (F) schließen einen Vertrag über die Beförderung von Gütern. Der Empfänger (E) ist zwar nicht Vertragspartner, kann aber bestimmte eigene Rechte je nach Stadium des Frachtvertrages gegen den Frachtführer geltend machen (zB Verspätungsschadenersatz, Ansprüche wegen Beschädigung des Frachtgutes). Ebenso treffen ihn aber auch dann Verpflichtungen aus dem Frachtvertrag. Durch Annahme des Gutes und des Frachtbriefs wird der Empfänger verpflichtet, dem Frachtführer nach Maßgabe des Frachtbriefs Zahlung zu leisten (§ 436).

III. Frachtpapiere

1. Eine praktisch wichtige Rolle beim Frachtgeschäft spielen zwei Dokumente: der Frachtbrief und das Frachtbriefdoppel, welches den Ladeschein nunmehr funktionell ersetzt hat. Da der Abschluss des Frachtvertrages formfrei ist, sind die genannten Dokumente aber **keine** Voraussetzung für den Abschluss oder die Gültigkeit des Frachtvertrages.
2. Der **Frachtbrief** ist Beweisurkunde über den Frachtvertrag. Er wird auf Verlangen des F **von A ausgestellt** (§ 426 Abs 1). Der Frachtbrief ist **kein Wertpapier**, funktionell ist er „Begleitpapier“ (er begleitet das Gut). Das Verfügungsrecht des A erlischt endgültig erst mit der Übergabe des Frachtgutes, nicht schon mit der Übergabe des Frachtbriefs!
3. Mit Übergabe des **Frachtbriefdoppels** – ein Duplikat des eigentlichen Frachtbriefs – verliert A das Verfügungsrecht über das Frachtgut. F ist damit nur noch E weisungsgebunden. Insofern kommt dem Frachtbriefdoppel eine Sperrwirkung zu („Sperrpapier“).
4. Der **Ladeschein** (§§ 444 f) wird **von F ausgestellt** (im Schifffahrtsrecht: Konnossement). In der Praxis hat der Ladeschein kaum mehr Bedeutung, da F üblicherweise im Frachtbriefdoppel die Übernahme des Gutes bestätigt.

Näher dazu *Grünwald/Schummer*, ORAC Rechtsskriptum Wertpapierrecht.

Beachte § 446:

Das Verhältnis A–F beurteilt sich nach dem zwischen ihnen abgeschlossenen Frachtvertrag. Das Verhältnis F–E bestimmt sich nach dem Frachtbriefdoppel.

C. Rechte und Pflichten der Vertragsparteien

I. Frachtführer

1. F hat die Beförderung durchzuführen (§ 425). Dabei trifft F gegenüber dem A eine Interessenwahrungs- und Obhutspflicht, dh, F muss alle zumutbaren Vorkehrungen zum Schutz des Gutes treffen.
2. Hinsichtlich der Haftung des F siehe §§ 429–431, die allerdings durch die genannten Sonderregeln (oben A.) vielfach durchbrochen werden. Beachte im Besonderen § 431, der eine Haftung für „seine Leute“ und „andere Personen“ vorsieht. Daneben bleiben sondergesetzliche Haftungsansprüche nach § 429 Abs 3 unberührt.

3. F hat nach § 440 ein gesetzliches Pfandrecht am Frachtgut zur Sicherung konnexer, aus dem Frachtvertrag begründeter Forderungen (Fracht, Liegegeld, Zoll etc). Die Regeln über die außergerichtliche Pfandverwertung sind auch auf dieses gesetzliche Pfandrecht anzuwenden (§ 466a Abs 1 ABGB).

Beachte:
Zur Rangfolge der gesetzlichen Pfandrechte siehe § 443.

4. Zur Frage der Beweislast für die Ablieferung des Gutes entschied der OGH (6 Ob 75/06g), dass diese Beweislast den F treffe.

II. Absender

1. A muss die **Fracht** zahlen; mangels Vereinbarung wird die Fracht mit Ablieferung des Frachtgutes bei E fällig (= Zeitpunkt der Werkvollendung nach § 1170 ABGB!).
2. Auf Verlangen des F muss A einen Frachtbrief ausstellen (oben B. III.). Für die Angaben im Frachtbrief haftet A dem F.

Siebenter Abschnitt
Investitionsersatz[1]

A. Gesetzliche Bestimmung und wirtschaftlicher Hintergrund

§ 454 Abs 1 normiert, dass ein Unternehmer, der an einem vertikalen Vertriebsbindungssystem als gebundener Unternehmer oder als selbstständiger Handelsvertreter (§ 1 HVertrG) teilnimmt, bei Beendigung des Vertragsverhältnisses mit dem bindenden Unternehmer Anspruch auf Ersatz von Investitionen, die er nach dem Vertriebsbindungsvertrag für einen einheitlichen Vertrieb zu tätigen verpflichtet war, hat, soweit sie bei der Vertragsbeendigung weder amortisiert noch angemessen verwertbar sind.

Hintergrund dieser Bestimmung ist es, dass bei bestimmten Vertriebsmodellen wie **Vertragshändler-** und **Franchisesystemen** Hersteller, Franchisegeber, Importeure udgl („bindende Unternehmer") ihren Vertriebspartnern („gebundene Unternehmer") Investitionen vorschreiben. Die gebundenen Unternehmer – wie zB Franchisenehmer – sind zwar juristisch betrachtet unabhängige Unternehmer, die auf eigene Rechnung und im eigenen Namen handeln, doch werden sie vertraglich zu diesen Investitionen – bspw das Verkaufslokal nach bestimmten Vorgaben einzurichten – verpflichtet.

> ***Beispiel 44:***
> *F ist Franchisenehmer des Franchisegebers G und betreibt ein Fast-Food-Restaurant. Aus dem Franchisevertrag ist F verpflichtet, sein Verkaufslokal nach bestimmten Vorgaben einzurichten und spezielle Kochgeräte anzuschaffen, eine spezielle Kassensoftware zu verwenden und seine Mitarbeiter mit besonderen Uniformen auszustatten.*

Wirtschaftlich problematisch ist es für den gebundenen Unternehmer, wenn der Vertriebsvertrag vor Amortisation (Ausgleich von Investitionskosten mit nachfolgenden investitionsbedingten Erträgen) dieser Investitionen beendet wird, denn die getätigten Investitionen werden für ihn oftmals nutzlos sein. Dies kann zum einen faktische Gründe haben, bspw weil eine teure produktspezifische Software angeschafft wurde oder angeschaffte Geräte nur mit den Produkten des bindenden Unternehmers kompatibel sind; zum anderen aber auch rechtliche, bspw weil ihm die Weiternutzung aufgrund nachvertraglicher Verpflichtungen oder immaterialgüterrechtlicher Bestimmungen untersagt ist. Gebundene Unternehmer befinden sich regelmäßig gegenüber den bindenden Unternehmern in einer unterlegenen Stellung, weswegen es ihnen meist nicht möglich ist, eine vertragliche Regelung für den Fall, dass der Vertriebsvertrag vor Amortisation dieser Investitionen beendet wird, auszuhandeln. Dieses Problem hat der Gesetzgeber erkannt und versucht hier mit § 454 einen Interessenausgleich zu schaffen.

B. Details der Bestimmung

I. Berechtigter und Verpflichteter

Anspruchsberechtigt sind gemäß § 454 Abs 1 Unternehmer, die an einem vertikalen Vertriebsbindungssystem als **gebundener Unternehmer** oder als **selbstständiger Handelsvertreter** (§ 1 HVertrG) teilnehmen. Erfasst sind va Vertragshändler und Franchisenehmer.

Anspruchsgegner ist der bindende Unternehmer. Das ist bei mehrgliedrigen Vertriebsketten immer der (unmittelbare) Vertragspartner des gebundenen Unternehmers.

---

1 Gemeinsam mit Dr. *Ulrich E. Palma* erstellt.

Beispiel 45:
W betreibt ein weltweites Franchisesystem für Fast-Food-Restaurants. Ihr Vertragspartner für Österreich ist Ö. Dessen Aufgabe ist es, die Franchiseverträge mit den einzelnen Restaurantbetreibern abzuschließen. S ist Franchisenehmer und betreibt ein Restaurant in Salzburg. Anspruchsgegner für einen allfälligen Investitionsersatzanspruch wäre sein Vertragspartner Ö.

II. Beendigung des Vertragsverhältnisses

§ 454 Abs 1 normiert als Tatbestandsmerkmal die Beendigung des Vertragsverhältnisses. Damit ist insb die **ordentliche bzw außerordentliche Kündigung** des Vertrages bzw die Beendigung aufgrund **Zeitablaufes** gemeint. Ebenso ist aber auch die **einvernehmliche Auflösung** tatbestandsmäßig. § 454 Abs 2 regelt drei Ausnahmen, in denen ein Anspruch auf Investitionsersatz nicht besteht:

a) Der gebundene Unternehmer hat das Vertragsverhältnis gekündigt oder vorzeitig aufgelöst, es sei denn, dass dafür ein dem bindenden Unternehmer zurechenbarer wichtiger Grund vorlag (lit a).

b) Der bindende Unternehmer hat das Vertragsverhältnis aus einem dem gebundenen Unternehmer zurechenbaren wichtigen Grund gekündigt oder vorzeitig aufgelöst (lit b).

c) Der gebundene Unternehmer hat gemäß einer Vereinbarung mit dem bindenden Unternehmer die Rechte und Pflichten, die er nach dem Vertrag hat, einem Dritten überbunden (lit c).

Von der ersten Ausnahme werden Fälle erfasst, bei denen die Auflösung des Vertragsverhältnisses vom gebundenen Unternehmer ausgeht – er soll dann keinen Investitionsersatz erhalten, außer er hat das Verhältnis aufgrund eines dem bindenden Unternehmer zurechenbaren Grundes beendet. Dies bedeutet, dass dem gebundenen Unternehmer grds kein Investitionsersatz zusteht, wenn er von sich aus das Vertragsverhältnis beendet. Beendet der gebundene Unternehmer aber bspw das Vertragsverhältnis aufgrund einer groben Vertragsverletzung des bindenden Unternehmers vorzeitig, kann er sehr wohl Investitionsersatz fordern.

Die zweite Ausnahme erfasst jene Fälle, in denen der bindende Unternehmer das Vertragsverhältnis aufgrund eines dem gebundenen Unternehmer zurechenbaren wichtigen Grundes auflöst. Setzt der gebundene Unternehmer bspw eine grobe Vertragsverletzung und löst der bindende Unternehmer aus diesem Grund das Vertragsverhältnis auf, kann der gebundene Unternehmer in diesem Fall keinen Investitionsersatz fordern.

In den beiden ersten Ausnahmen werden Fälle behandelt, in denen einer Partei ein Grund zurechenbar ist (**Sphärentheorie**), welcher die andere zur Kündigung berechtigt. Nicht gesondert geregelt ist jener Fall, in welchem ein wichtiger Grund der „Zufallssphäre" entstammt. In dieser Situation würde wohl derjenige das Investitionskostenrisiko tragen, der den Vertrag kündigt; wäre dies der gebundene Unternehmer, wäre nämlich die Ausnahme des Abs 2 lit a erfüllt und er würde keinen Investitionsersatz erhalten. Im Falle der Kündigung durch den bindenden Unternehmer wäre keine Ausnahme iSd Abs 2 erfüllt und er müsste somit Investitionsersatz leisten.

Lediglich klarstellende Funktion weist die dritte Ausnahme gemäß lit c auf, denn im Falle der Überbindung der Vertragspflichten wird das Vertragsverhältnis selbst nicht beendet.

III. Investitionsbegriff und Ersatzfähigkeit

Von der Ersatzpflicht erfasst sind solche **Investitionen**, die der gebundene Unternehmer nach dem Vertriebsbindungsvertrag für einen einheitlichen Vertrieb zu tätigen verpflichtet war, soweit sie bei der Vertragsbeendigung weder amortisiert noch angemessen verwertbar sind. Investitionen sind sowohl Sach-, als auch Finanzanlagen. Ebenso sind immaterielle Vermögensgegenstände erfasst (§ 224 Abs 2 A).

Für die **Ersatzfähigkeit** der Investition muss diese einerseits aufgrund einer **vertraglichen Verpflichtung** erfolgen – bloß faktischer Investitionszwang reicht hierfür nach hL nicht aus. Andererseits muss die Investition **für einen einheitlichen Vertrieb** sein; dies bedeutet, dass nur solche Investitionen erfasst sind, deren Nutzen typischerweise auf das konkrete Vertriebssystem beschränkt ist. Letzte Voraussetzung für die Ersatzfähigkeit ist, dass die Investitionen im Zeitpunkt der Vertragsbeendigung **weder amortisiert noch angemessen verwertbar** sind. Angemessen verwertbar sind Investitionen, die entsprechend veräußert, vermietet oder weitergenutzt werden können.

IV. Geltendmachung

§ 454 Abs 3 regelt, dass der gebundene Unternehmer den Anspruch verliert, wenn er dem bindenden Unternehmer nicht innerhalb eines Jahres nach Beendigung des Vertragsverhältnisses mitgeteilt hat, dass er seine Rechte geltend macht. Hierbei handelt es sich um eine **Präklusivfrist**. Zur Wahrung reicht eine außergerichtliche formlose Mitteilung.

Hiervon zu unterscheiden ist die **Verjährung** des Anspruches, wenn nach entsprechender Mitteilung die Einjahresfrist gewahrt wurde. Nach wohl hL beträgt sie in Analogie zu § 18 Abs 1 HVertrG drei Jahre und ihr Lauf beginnt mit Beendigung des Vertragsverhältnisses.

V. Abdingbarkeit

§ 454 Abs 4 normiert, dass Ansprüche nach Abs 1 zum Nachteil des gebundenen Unternehmers im Voraus durch Vereinbarung weder aufgehoben noch beschränkt werden können. Es handelt sich also um **einseitig zwingendes Recht** zugunsten des gebundenen Unternehmers. Abweichungen zugunsten des gebundenen Unternehmers – bspw ihm wird ein Investitionsersatz auch für Fälle zuerkannt, in denen ihm ein solcher nach § 454 nicht zustünde – sind jedoch zulässig.

Vereinbarungen über den Investitionsersatz zulasten des gebundenen Unternehmers sind nur im Voraus unzulässig. Nach Beendigung sind Vereinbarungen darüber zulässig. Fraglich ist, wie Vereinbarungen über den Investitionsersatz im Rahmen von einvernehmlichen Auflösungsvereinbarungen zu behandeln sind. Nach hL sind solche ebenfalls im Voraus, also vor Beendigung des Vertragsverhältnisses nicht zulässig. Dies bedeutet, dass eine Vereinbarung über den Investitionsersatz zum Nachteil des gebundenen Unternehmers im Rahmen einer einvernehmlichen Auflösungsvereinbarung ebenso gegen § 454 Abs 3 verstößt. Erst nach der Beendigung des Vertragsverhältnisses kann eine solche Vereinbarung wirksam getroffen werden.

VI. Verhältnis zum HVertrG

§ 454 Abs 5 bestimmt, dass der Ausgleichsanspruch nach § 24 HVertrG von dieser Bestimmung unberührt bleibt.

Achter Abschnitt
Zahlungsverzug[1]

A. Einleitung und Anwendungsbereich

I. Einleitung

Der 8. Abschnitt des 4. Buches, welcher die Regelungen über den Zahlungsverzug enthält, wurde im Jahre 2013 im Rahmen des Zahlungsverzugsgesetzes (BGBl I 2013/50) gänzlich neu gestaltet. Hintergrund hierfür war die **Umsetzung der Zahlungsverzugsrichtlinie** (RL 2011/7/EU), mit welcher eine verschärfte Bekämpfung des Zahlungsverzuges, insb auch durch „öffentliche Stellen", angestrebt wurde.

Der 8. Abschnitt enthält nunmehr verschiedene Bestimmungen zum Zahlungsverzug, welche den allgemeinen Regelungen zum Zahlungsverzug des ABGB (**lies** zunächst SchR AT 3. Abschnitt A. VI und VII sowie 4. Abschnitt C) tlw vorgehen bzw diese ergänzen.

II. Anwendungsbereich

Der **Anwendungsbereich** des 8. Abschnittes ist in § 455 geregelt. Dieser besagt, dass dieser Abschnitt für Rechtsgeschäfte zwischen Unternehmern sowie für Rechtsgeschäfte zwischen einem Unternehmer und einer juristischen Person des öffentlichen Rechts gilt. Nicht erfasst sind somit im Umkehrschluss Rechtsgeschäfte zwischen einem Unternehmer und einem Nichtunternehmer. Auch Rechtsgeschäfte zwischen juristischen Personen des öffentlichen Rechts sind – im Unterschied zur Regelung des § 343, welcher den Anwendungsbereich des sonstigen 4. Buches regelt – nicht erfasst.

Der **Begriff des Unternehmers** entspricht jenem des § 343 Abs 1, weswegen auch der Formunternehmer (§ 2), der Unternehmer kraft unrichtiger Eintragung (§ 3) und wohl auch der Scheinunternehmer diesen erfüllen. Unklar ist die Behandlung der sogenannten **Vorbereitungsgeschäfte**. Dies sind Geschäfte, die eine natürliche Person vor der Aufnahme des Betriebes ihres Unternehmens zur Schaffung der Voraussetzungen dafür tätigt. Der Gesetzgeber wollte diese vom Anwendungsbereich des 8. Abschnittes ausnehmen, doch fand dieses Ansinnen im Gesetz keinen eindeutigen Niederschlag. Die hL nimmt aber aufgrund der eindeutigen Absicht des Gesetzgebers diese Geschäfte vom Anwendungsbereich des 8. Abschnittes aus. Somit ist auf Geschäfte zwischen einem „Gründer" und einem Unternehmer bzw einer juristischen Person des öffentlichen Rechts der 8. Abschnitt nicht anzuwenden.

Die Bestimmungen des 8. Abschnittes sind gemäß § 906 Abs 25 auf Verträge anwendbar, die ab dem 16. 3. 2013 geschlossen wurden.

B. Verzugszinsen und Entschädigung für Betreibungskosten

I. Einleitung

Das UGB enthält im 8. Abschnitt zwei Normen, die Rechtsfolgen für die Verzögerung einer Zahlung vorsehen. Dies sind zum einen erhöhte Verzugszinsen und zum anderen eine (pauschalierte) Entschädigung für Betreibungskosten.

---

1 Gemeinsam mit Dr. *Ulrich E. Palma* erstellt.

II. Verzugszinsen

1. Tatbestand

Eine spezielle Regelung für Verzugszinsen enthält § 456. S 1 normiert, dass bei der Verzögerung der Zahlung von Geldforderungen der gesetzliche Zinssatz 9,2 % über dem Basiszinssatz beträgt.

Der **Basiszinssatz** (Stand 1. 7. 2018: –0,62 %) wird von der Oesterreichischen Nationalbank bekannt gegeben und ist auf deren Homepage (www.oenb.at) zu finden. Gemäß § 456 S 2 ist der Basiszinssatz, der am ersten Kalendertag eines Halbjahres gilt, für das jeweilige Halbjahr maßgebend.

Die Regelung setzt eine Verzögerung bei der Zahlung einer **Geldforderung** voraus. Unter Geldforderung sind neben vertraglichen Ansprüchen auch vertragliche Schadenersatzansprüche zu verstehen. Nicht erfasst sind hingegen deliktische Schadenersatzansprüche. Bei Bereicherungsansprüchen ist ebenfalls zu differenzieren: Leistungskondiktionen sind idR erfasst, Verwendungsansprüche nicht.

Beispiel 46:

Der Unternehmer A gerät aus Versehen mit einer Kaufpreiszahlung gegenüber dem Unternehmer B in Verzug. A hat den erhöhten Zinssatz gemäß § 456 zu leisten.

Beispiel 47:

Der Unternehmer A verursacht einen Unfall und beschädigt dabei das Auto des Unternehmers B. A gerät mit seiner deliktischen Schadenersatzpflicht in Verzug. A hat bloß Verzugszinsen iHd allgemeinen Zinssatzes gemäß § 1333 ABGB iVm § 1000 ABGB (dh 4 % pro Jahr) zu leisten.

2. Das Tatbestandsmerkmal „verantwortlich“

§ 456 S 3 normiert, dass, soweit der Sch für die Verzögerung aber nicht verantwortlich ist, er nur die in § 1000 Abs 1 ABGB bestimmten Zinsen zu entrichten hat. Hiermit kehrte der Gesetzgeber vom bisherigen Konzept ab, dass die erhöhten Verzugszinsen verschuldensunabhängig zu leisten sind (vgl § 352 aF), und knüpfte den erhöhten Zinssatz an eine Verantwortlichkeit des Sch an.

„Verantwortlich“ wird im Gesetz nicht näher determiniert, weswegen die Auslegung dieses Tatbestandsmerkmals noch unklar ist. Nach hL soll jedenfalls der subjektive Verzug erfasst sein, also wenn den Sch ein Verschulden an der Verzögerung trifft, bspw weil er die Zahlung vergisst. Zu beachten ist, dass der Sch nach allgemeinen Regeln (§ 1313a) auch für das Verschulden seiner Erfüllungsgehilfen einzustehen hat. Als Erfüllungsgehilfe anzusehen ist zB die Bank des Sch.

3. Dispositivität

§ 456 ist **dispositiv**. Gl und Sch können niedrigere oder aber auch höhere Verzugszinsen vereinbaren. Allerdings ist § 459 Abs 4 zu beachten (unten D.).

III. Entschädigung für Betreibungskosten

1. Tatbestand

§ 458 knüpft ebenso wie § 456 an die Verzögerung der Zahlung an. Danach ist bei der Verzögerung der Zahlung von Geldforderungen der Gl berechtigt, als Entschädigung für etwaige Betreibungskosten vom Sch einen Pauschalbetrag von € 40 zu fordern. Die Bestimmung soll dazu dienen, dass der Gl etwaige Kosten, die aus der Zahlungsverzögerung entstehen, wie Verwaltungskosten oder Kosten für ein Inkassobüro, zumindest tlw ersetzt bekommt.

2. Schadens- und Verschuldensunabhängigkeit

Der Betrag steht **pauschal** zu, somit ist es unerheblich, ob bzw in welcher Höhe dem Gl tatsächlich Kosten aus der Zahlungsverzögerung entstanden sind. Für den Fall, dass die dem Gl aus der Zahlungsverzögerung entstandenen Kosten diesen Pauschalbetrag übersteigen, hält § 458 S 2 fest, dass er den **Mehrbetrag** unter Anwendung des § 1333 Abs 2 ABGB fordern kann.

Im Gegensatz zum erhöhten Zinssatz des § 456 steht die pauschale Entschädigung für Betreibungskosten **verschuldensunabhängig** – somit auch bei bloß objektivem Verzug – zu.

3. Dispositivität

§ 458 ist grundsätzlich **dispositiv**, dh, die Vereinbarung eines niedrigeren oder höheren Pauschalbetrages ist grds zulässig. Es sind aber hierbei insb die Beschränkungen des § 459 Abs 5 zu beachten.

C. Dauer von Abnahme- oder Überprüfungsverfahren

I. Tatbestand und wirtschaftlicher Hintergrund

§ 457 ordnet an, dass die Dauer eines gesetzlich oder vertraglich vorgesehenen Abnahme- oder Überprüfungsverfahrens zur Feststellung der vertragsgemäßen Leistungserbringung höchstens 30 Tage ab dem Empfang der Ware oder der Erbringung der Dienstleistung betragen darf. Derartige Überprüfungsverfahren finden sich in der Praxis vor allem im Anlagenbau und bei der Lieferung von Spezialmaschinen.

Hintergrund der Bestimmung ist, dass die Zahlungspflicht erst mit Fälligkeit eintritt und diese oftmals erst nach Abschluss eines Abnahme- oder Überprüfungsverfahrens vereinbart ist. Insofern verzögern solche Verfahren die Fälligkeit der Leistung und beeinflussen dadurch auch den Zeitpunkt, ab welchem eine Verzögerung der Zahlung eintritt.

II. Dauer der Frist und Verlängerung

Die von § 457 S 1 normierte Höchstdauer der Prüffrist beträgt 30 Tage, wobei hier **Kalendertage** und nicht Werktage gemeint sind.

Eine **Verlängerung** dieser Frist ist aber unter den Voraussetzungen des § 457 S 2 möglich. Die Vereinbarung einer längeren Frist kann nach dieser Bestimmung nur ausdrücklich getroffen werden und ist nur zulässig, soweit dies für den Gl nicht grob nachteilig ist. Eine solche Vereinbarung muss ausdrücklich getroffen werden, konkludente Vereinbarungen reichen somit nicht aus. Ein Formerfordernis ist für die Vereinbarung nicht vorgesehen, weswegen auch mündliche Abreden ausreichend sind. Ob eine Vereinbarung einer längeren Frist grob nachteilig und somit nichtig ist, bestimmt sich insb nach § 459 Abs 2.

III. Rechtsfolgen

Verstößt eine vertraglich vereinbarte Regelung gegen § 457, so folgt daraus deren **Nichtigkeit**. Fraglich ist, ob die Regelung dann ersatzlos entfällt. Denkbar wäre es, an die Stelle der unwirksamen Regelung eine Ersatzregelung treten zu lassen, welche mittels ergänzender Vertragsauslegung oder geltungserhaltender Reduktion gewonnen wird. Wird die allfällige Ersatzregelung im Wege der ergänzenden Vertragsauslegung gewonnen, wäre das Ergebnis eine angemessene, höchstens 30 Tage dauernde Frist (so bspw *Frizberg/Wagner*). Wird die Ersatzregelung durch geltungserhaltende Reduktion gewonnen, wäre das Ergebnis die höchstzulässige Frist von 30 Tagen (so bspw *Haberer/J. Zehetner*).

D. Grob nachteilige Vertragsbestimmungen oder Geschäftspraktiken

I. Grob nachteilige Vertragsbestimmungen oder Geschäftspraktiken

1. Einleitung und Tatbestand

Die Regelungen des 8. Abschnittes sind, wie oben dargestellt, weitgehend dispositiv. Damit sie aber ihre Wirksamkeit durch abweichende Vereinbarungen, welche durch den wirtschaftlich stärkeren Vertragspartner vorgegeben werden können, nicht verlieren, sieht § 459 Abs 1 S 1 vor, dass eine **Vertragsbestimmung** über den Zahlungstermin, die Zahlungsfrist, den Verzugszinssatz oder die Entschädigung für Betreibungskosten nichtig ist, wenn sie für den Gl grob nachteilig ist.

Daneben sieht § 459 Abs 1 S 2 vor, dass ebenso wenig aus einer diese Fragen betreffenden **Geschäftspraktik** rechtliche Wirkungen abgeleitet werden können, wenn sie für den Gl grob nachteilig ist. Der Begriff der Geschäftspraktik ist weder im Gesetz noch in der zugrunde liegenden RL näher erläutert. Die Lit geht davon aus, dass unter Geschäftspraktiken idS Vertragsinhalte gemeint sind, die als Verkehrssitte bzw als Gewohnheiten und Gebräuche im Geschäftsverkehr (§ 346) im Wege der einfachen bzw der ergänzenden Vertragsauslegung Vertragsinhalt werden. Der Begriff der Geschäftspraktik dieser Bestimmung deckt sich somit nicht mit dem Begriff der Geschäftspraktik, wie er in anderen Bestimmungen, bspw dem UWG, verwendet wird.

2. Kriterien

§ 459 Abs 2 sieht Kriterien für die Beurteilung der groben Nachteiligkeit einer Vertragsbestimmung oder Geschäftspraktik vor. Für die Beurteilung der groben Nachteiligkeit einer Vertragsbestimmung oder Geschäftspraktik ist insb zu berücksichtigen, inwieweit diese von der **Übung des redlichen Verkehrs** abweicht, ob es einen **sachlichen Grund** für diese Abweichung gibt und um welche **Vertragsleistung** es sich handelt. Bei einer zulasten des Gl vereinbarten Vertragsbestimmung über eine von § 456 abweichende Höhe der Verzugszinsen oder über eine von § 458 S 1 abweichende Höhe des pauschalen Entschädigungsbetrages ist auch zu berücksichtigen, ob es einen sachlichen Grund für diese Abweichung gibt.

3. Einzelfälle

Drei besondere Fälle hat der Gesetzgeber in § 459 Abs 3–5 geregelt:

a) Die Vereinbarung einer **Zahlungsfrist von bis zu 60 Tagen** ist keinesfalls grob nachteilig (Abs 3).

b) Der **Ausschluss von Verzugszinsen** ist jedenfalls grob nachteilig (Abs 4).

c) Der **Ausschluss der Entschädigung für Betreibungskosten** nach § 458 gilt als grob nachteilig, sofern er nicht ausnahmsweise nach den Umständen des jeweiligen Rechtsgeschäftes sachlich gerechtfertigt ist (Abs 5).

II. Verbandsklage

1. Einleitung und Tatbestand

Ein Verstoß gegen § 459 kann gemäß § 460 auch mittels **Verbandsklage** geltend gemacht werden. Hintergrund der Bestimmung ist, dass nicht nur der unmittelbar betroffene Unternehmer als Vertragspartner, sondern auch Unternehmerverbände in überindividuellem Interesse Klagen gegen grob nachteilige Vertragsbestimmungen im Zusammenhang mit der Zahlung erheben können sollen. Vergleichbar ist die Bestimmung somit bspw mit der in den §§ 28–30 KSchG geregelten konsumentenschutzrechtlichen Verbandsklage.

§ 460 Abs 1 S 1 normiert, dass ein Unternehmer, der im geschäftlichen Verkehr ohne sachliche Rechtfertigung grob nachteilige Vertragsbestimmungen iSd § 459 verwendet oder grob nachteilige Geschäftspraktiken idS ausübt, auf Unterlassung geklagt werden kann.

2. Aktiv- und Passivlegitimation

Aktivlegitimiert, also berechtigt, Klage zu erheben, sind nach dem Gesetzestext neben der Wirtschaftskammer Österreich und der Präsidentenkonferenz der Landwirtschaftskammern Österreichs auch Vereinigungen zur Förderung wirtschaftlicher Interessen von Unternehmern. Der Begriff der Vereinigungen zur Förderung wirtschaftlicher Interessen von Unternehmern wird im Gesetz nicht näher determiniert; hierunter sind aber wohl insb Fach- und Branchenverbände zu verstehen.

Passivlegitimiert ist der Unternehmer, der die grob nachteilige Bestimmung oder Praktik verwendet.

3. Unterlassungserklärung

§ 460 Abs 2 bestimmt, dass die Gefahr einer Verwendung derartiger Vertragsbestimmungen oder einer Ausübung derartiger Geschäftspraktiken nicht mehr besteht, wenn der Unternehmer nach Abmahnung durch eine nach Abs 1 klagebefugte Vereinigung binnen angemessener Frist eine mit angemessener Konventionalstrafe (§ 1336 ABGB) besicherte **Unterlassungserklärung** abgibt. Hiermit soll wie bei der konsumentenschutzrechtlichen Verbandsklage das außergerichtliche Abmahnverfahren übernommen werden.

In der Praxis gestaltet sich der Ablauf eines Verfahrens so, dass der Unternehmer vom klagslegitimierten Verband zuerst außergerichtlich aufgefordert wird, eine Unterlassungserklärung hinsichtlich der Vertragsbestimmung – welche nach Ansicht des Verbandes grob nachteilig ist – abzugeben. Erst wenn er eine solche nicht abgibt, bspw weil der Unternehmer der Ansicht ist, dass die Vertragsbestimmung zulässig ist, wird vom klagslegitimierten Verband die Klage eingebracht und es kommt zum gerichtlichen Verbandsverfahren.

Stichwortverzeichnis